好广告

一句话就够了

华投 著

北京联合出版公司
Beijing United Publishing Co.,Ltd.

图书在版编目（CIP）数据

好广告一句话就够了 / 华投著 . -- 北京 : 北京联
合出版公司，2022.1
ISBN 978-7-5596-3581-5

Ⅰ.①好… Ⅱ.①华… Ⅲ.①广告文案 Ⅳ.
① F713.812

中国版本图书馆 CIP 数据核字（2021）第 249919 号

好广告一句话就够了

作　　者：华　投
出 品 人：赵红仕
责任编辑：夏应鹏
封面设计：韩　立
内文排版：潘　松

北京联合出版公司出版
（北京市西城区德外大街83号楼9层 100088）
北京市松源印刷有限公司印刷　新华书店经销
字数170千字　　880毫米×1230毫米　1/32　8印张
2022年1月第1版　2022年1月第1次印刷
ISBN 978-7-5596-3581-5
定价：36.00元

前言

P R E F A C E

"唯有爱与美食，不可辜负。"——下厨房

"别说你爬过的山，只有早高峰。"——宝马 MINI

"去征服，所有不服。"——全新现代途胜

"我们不生产水，我们只是大自然的搬运工。"——农夫山泉

"致那些使用我们竞争对手产品的人，父亲节快乐。"——杜蕾斯

……

总有一些广告一言半语就能准确抓住用户的痛点、痒点，让人莞尔，让人感同身受，乃至让人忍不住拍案叫绝。在当下阅读日益碎片化的时代，能直接打动人心的不是长篇大论，而是能够瞬间刺进受众心坎，并掌握对方内心的"一句话"，比如一些"标题""书名""称

号"以及"经典台词"等。不只书面表达是这样，就连日常生活与工作的口语表述也是如此。例如，向上级汇报能否被接受的关键，就在于能否说出令人印象深刻的字眼。参加会议讨论，与其说一大堆，倒不如说出强而有力又令人印象深刻的简短话语，更能获得好评。

这是一个两秒钟决定一段广告命运的时代。广告大师维克多·施瓦布曾言："一些失败广告中的内文很有说服力，但是却没有提炼出一个好标题。因此，虽然主体文案很精彩，但根本没有人去阅读。"广告写手可以从痛点、简洁易懂、借势等角度作为发力点，去寻找广告撰写的钥匙。广告创作不在多，而在精，力求句句戳心。真正的高手写广告，一句话就够了。

广告界每出一个爆款，都会引发热烈讨论。作为一个广告文案手，是不是也在思考：这些简短却令人惊艳，威震传媒界的爆款广告究竟是怎么产生的？本书就是为解读这背后的思路和方法而写的书。书中通过知名广告实例，图文结合，以浅显易懂的方式揭示广告文案写作的基本技巧。只要能够掌握这些技巧，撰写广告文案的能力便会大大提升。不管你是广告小白，还是一个资深广告写手，都需要不断学习打磨自己的文案技能，在打造爆款的道路上不断精进自己。本书不重理论，重实操，是广告人入门必备的利器，还是更上一个台阶的有力助手。

目录

C O N T E N T S

1 第一章
抓心：好广告怎样挠得人又痛又痒

2 第二章
足够有趣，制造传神的口头禅

6 第六章
兜售参与感，让用户在场介入

7 第七章
有诚意，和用户做个好朋友

第一章

抓心：好广告怎样挠得人又痛又痒

▌"注意力经济"时代，秒杀关键注意力

互联网时代的到来，使得人们手中的装置和终端越来越多，当一个人同时拥有手机、平板、笔记本以及其他设备，并且经常多设备运行时，注意力就变成最稀缺的一种存在。

从前你可以让消费者在电视机前坐着看完一则长达几分钟的广告，如今在互联网上，消费者留给你的时间或许不到一秒。

因此，快速吸引注意，秒杀消费者注意力，也就成了"注意力经济"时代广告文案最关键的因素。

尼尔森 WhySearchMaters 报告显示，大部分人在进行购物行为之前，会先在网上进行搜寻。其与谷歌共同发表的行动报告也明确指出："55% 的行动搜寻发生在拿起手机的第一个小时。"

因此在消费者搜索信息的第一时间，如何给他想要的信息，这是广告需要考虑的关键因素。换句话说，我们要考虑的是：写什么才吸睛？怎么写才能给予消费者

When shopping for a product or service, consumers say they use the following sources to find a local business from which to buy:*

Internet search engines such as Google, Yahoo!, or MSN	**73%**
Yellow pages telephone directory	**65%**
Internet yellow pages	**50%**
Your local newspaper	**44%**
White pages telephone directory	**33%**
Television	**29%**
Direct mail	**20%**
Consumer review Web sites	**18%**
Radio	**15%**
Entertainment coupon book	**10%**

* Participants could give more than one answer.

足够的了解和行动的动力？

1. "手段–目标链"策略

美国广告培训巨头德鲁·埃里克·惠特曼曾针对消费者心理提出"手段–目标链"策略，该策略建立在这样的理论基础上：消费者的购买行为不是为了满足当下的需要，而是为了达到某个未来的目标，他购买的产品或服务只是实现那个目标的手段。

比如购买性感内衣，当然是为了让自己变得性感，但更终极的目标是吸引男人的目光；购买微波炉，人们想要的不是那个带有按钮和会转圈的玻璃盘的盒子，而是想要快速解决用餐问题，以便有更多时间去做其他事。

所以，写广告文案，永远不要写自己想当然的话，而应该追溯消费者的终极目标。

一款夜拍性能很强的手机，不要写"大光圈，优质感光元件，夜拍能力超强"，而应该这么写：

前者是你想说的引以为豪的手机性能，而后者"可以拍星星的手机"，才是消费者真正想要的，这一句文案，传达的是用户可以得到的产品价值。

一架质量上乘的钢琴，文案一定要强调它的质量吗？当然不是，它还可以这么写：

"学琴的孩子不会变坏。"

事实上，这是台湾地区最有名的广告语之一，它抓住父母的心态，采用攻心策略，不讲钢琴的优点，仅仅从学钢琴有利于孩子身心成长的角度，吸引孩子父母的关注。这一点的确很有效，当父母认同山叶的观点时，购买山叶钢琴就是水到渠成的事情。

在市场上，你不是主角，消费者才是。

在文案描述中，产品特性只是附加价值，消费者利益才是主导因素。从消费者的利益出发，是广告文案写作永恒的真理。尤其在注意力稀缺的互联网时代，消费者只有在发现与自身利益和目标密切相关的关键词，才会主动驻足停留，所以要尽量保证你的文案和他们有关。

2. 化"痛点"为"痛快"

在注意力经济时代，要将产品痛点准确传达并且戳中消费者的痛点，才能吸引消费者的注意力。文字不该是消费者阅读的障碍，要一眼就能够看懂，一眼就能收获核心信息。因此，文案必须化"痛点"为"痛快"：剔除多余信息，剥开外壳，直击核心。

美国西南航空公司的口号是：我们是全球票价最低的航空公司。对这一个核心产品价值的坚持和维护，使得这家航空公司在航空业整体获利空间不大的大环境下，连续保持了四十多年的盈利状态。

当然，西南航空公司的成功不仅这一个要素，但是重要的不是事实，而是你说了什么，传达了什么。在文案写作中，剔除产品的无关信息很容易，剔除重要信息就很艰难了，因为你觉得关于产品你有那么多的优点可以传达，每一种看起来都很重要，每一种都可能吸引某一类受众。但假如你在抓痛点、吸睛的广告"战场"上说了三件事，其实就等于一件也没说：你不可能抓住任何人的注意力。

对于消费者而言，核心信息的缺乏和不确定性会让人选择困难，甚至决策瘫痪。以色列心理学家阿莫斯·特维尔斯基曾做过一项调查研究，针对一群受试学生，他给出选项，请学生选择：

（1）去听一位心仪作家的讲座；

（2）去图书馆学习。

在这一组测试中，第一个选项看起来诱惑很大，最终仅有21%的学生下定决心去图书馆学习。

接下来，选项增加：

（1）去听一位心仪作家的讲座；

（2）去图书馆学习；

（3）去看一部一直想看的外国影片。

在这组测试中，决定去图书馆学习的人增加到40%，是前一组的两倍。在学习之外提供两种有趣的选项，反而让更多人哪种都不想选了，这种行为并不"理性"，但很人性。

消费者的选择也是一样，文案只有"痛快"地传达并且仅仅只传达核心信息，才能抓住消费者的痛点，一击即中。不要期待一下子就精准无比地传达出一切信息，我们应该做的是，先传达核心信息，成功吸引关注后，再慢慢传达其他信息。在这里，重点仍然是吸引注意力。

比如，一家快递公司，想要传达的信息可能很多，你很可能想说，你们拥有最多素质最高的快递员，或者最发达、覆盖率最广的快递网络，或者最优质的服务，最快的速度，或者最安全、失误率最少的运送技巧，但你不能什么都说，你只能说一种。如联邦快递（FedEx）广告：

从亚洲到澳大利亚，犹如邻窗之隔。这张平面广告只传达了一个核心信息：快。并且选用了一种简练的方式来传达，一个人将邮包递给另一个人，简单迅捷的传递动作背后蕴含着这一快递品牌最大的优势，吸睛效果满分。

同样引人注目的还有博士（BOSE）耳机。一个耳机可以传达的信息同样很多，做工、材质、降噪、低音效果、品牌相关故事，甚至工艺历史、口碑等等，但 BOSE 的广告文案只传达一点：无噪声。

戴上耳机，世界与我无关。看得人提心吊胆的画面，身后的巨大危险和男子悠然的姿态形成鲜明对比。

当你把一个核心的信息传达做到极致，就能够成功秒杀消费者的注意力。

六个创意模板：人为制造惊叹

顶尖营销学术期刊《营销科学》中的一篇研究显示：89% 的优秀获奖创意广告实际上来自六个创意模板，而在没有获奖的创意广告中，只有 2.5% 的广告使用了这六个模板之一。

创意来自模板，这是否颠覆了我们对创意的印象？其实创意并非天马行空，也并不是把一群人关在会议室头脑风暴就能够产生，这世上绝没有凭空而来的创意，所有的创意都是在前人知识和经验基础上的"创新"，同时必须遵循一定的规则和原理。

研究数据很能说明问题：严格使用了创意模板的广告明显具有更优质的创意，以及由此带来的最佳效果——在广告中"人为制造惊叹"，吸引更多关注和兴趣。

那么，如何参考这六个模板为你的创意加分？

1. 极端情景模板（The Extreme Situation Template）

找到一个情景，将产品的卖点凸显到荒谬的、不现实的程度。

这是一则音响广告，为了突出效果，呈现出一幅周围的车都被这

种音响效果掀翻了的情景，十分夸张，不切实际，但广告效果很好。

银行广告：即使战乱（极端情景），我们也很安全。

再如另一家快递公司的广告：没有我们送达不了的地方。

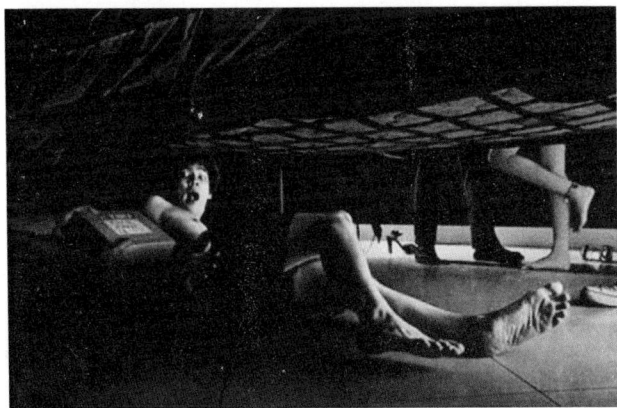

为了突出产品优势而塑造出一个极端的情景：躲在床底下的男人，在一旁亲热的男女，这个任谁都能会心的场景，配合收到快递的男子一脸惊吓的表情，呈现出荒谬又搞笑的戏剧效果。

为了塑造这样的极端情景，最常用的手法就是"替代"，你不用购买我们的产品，其实有替代方案，但同时广告的潜台词是：这个替代方案是荒谬的，不现实的。

如奥迪车 GPS 导航的广告中，塑造了一个极端情景：在城市里，你没有我们的 GPS 服务也可以，你可以用巨大路标来替代（这是荒谬的，不可能的）。

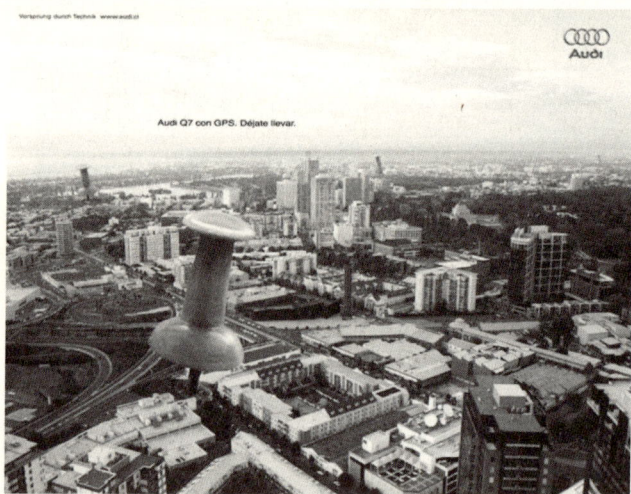

2. 形象化类比模板（The Pictorial Analogy Template）

使用某个具有相同特性的物品，以形象化手法和你的产品痛点进行类比。

比如，如何突出一款巧克力入口即融、不腻不黏的口感？口感是很私人化的感受，而且是很抽象的感受，不管你用多么贴切的词语形容，都难以令人产生直观印象。因此，形象化类比是最好的方法。

德芙巧克力是这么做的：

由口感的"入口即融，不黏不腻"联想到丝绸柔滑的质感，因此用"丝绸"这一实物做类比，从而给人一种巧克力如丝绸般"丝滑"的感觉。巧克力和丝绸，本来完全不沾边的两种东西，被放在一起进行类比，毫不牵强地找到了共通点，由此创造出醒目的广告效果。

创意本身就是给人带来惊叹的艺术，但创造这种惊叹的方法是有规律可循的，使用"形象化类比"通常包含三个步骤：

（1）找到产品痛点，设想在一般大众认知中，这一痛点的象征物是什么。

（2）找到产品最适用于类比这一痛点的部分，是包装，还是形状；是颜色，还是 LOGO 标识？

（3）创造一个创意的新形象，把两者联系起来。

很多优秀的广告都使用上述方法，为自己的产品特点找到了最佳呈现方式。

如相机广告：

产品痛点：防抖。

痛点的象征物：正在跳舞的舞蹈演员停止的动作。

连接点：用这款防抖相机拍照，就像用钢丝固定住一个正在跳舞的人。

再如快递公司广告：

产品痛点：快速。

痛点的象征物：不用煎锅煎鸡蛋。

连接点：送货速度之快，就像直接在火上煎鸡蛋。

内衣广告：

产品痛点：性感惹火。

痛点的象征物：灭火器。

连接点：性感内衣的惹火程度，到了需要灭火器的地步。

任何一个关于产品特性的抽象概念，都可以找到不止一个"象征物"，就看你能不能充分发挥联想，以一种常人意想不到的方式来具化这种抽象化的产品特性，在人们头脑中人为制造出情理之中、意料之外的惊叹效应。

3. 呈现后果模板（The Consequences Template）

向消费者呈现使用产品的极端后果，或者负面后果。

如菜刀广告：

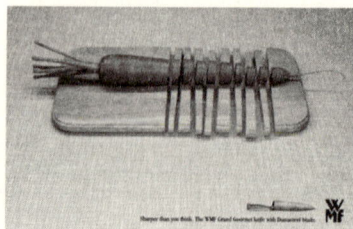

为了突出菜刀的锋利程度，呈现出使用产品之后的极端后果：用这种菜刀切菜的人，甚至连砧板都切开了。

汽车保养产品广告：使用我们的产品，会让车模从车身上滑下来。

手电筒广告：功率太强，小心烧着身边的东西。

广告不一定要夸产品好，有时也可以呈现一些因为功能太好所导致的负面后果，这种反其道而行之的手法，往往能够在消费者心中留下更深刻的印象。

4. 互动实验模板（The Interactive Experiment Template）

让消费者根据广告完成一个行动，或者让消费者想象完成行动的情景。

如嘉士伯啤酒户外广告：

嘉士伯啤酒和广告代理商 Fold7 及设计公司 Mission Media 合作，在英国伦敦 Brick Lane 的一面户外看板上推出一个广告，上面写着"这可能是世界上最棒的海报（Probably the best poster in the world）"。

凭什么自称"最棒"呢？因为海报前方，嘉士伯提供免费的啤酒,人们可以扭开水龙头,自己装来喝,直接让产品与消费者接触,让广告本身通过消费者的行为产生互动。

5.改变维度模板（The Dimensionality Alteration Template）

对产品进行时间或空间上的转换。

如将它放到过去或未来:

这是一则保险柜广告,没有好的安全措施,那么你收到的礼物很可能是送给小偷的。

通过时间（未来）的置换,突出产品功效:假如你没有使用这个产品（安全的保险柜）,那么很可能在未来会发生令你后悔的事

（贵重物品被偷走）。

或者从空间上来讲，也可以这么做：

KFC 广告，一口吃掉汉堡、薯条和鸡腿，很好地运用了负空间艺术来表现 KFC 食物的美味。

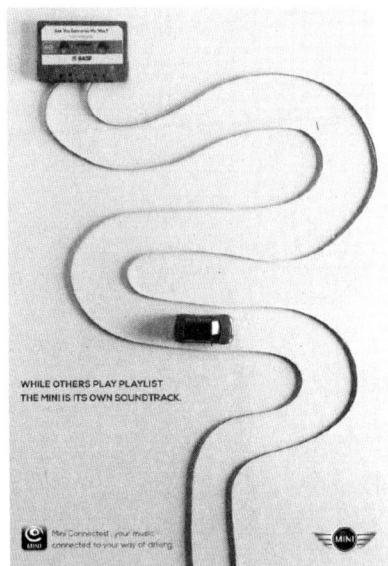

宝马 MINI 平面广告：当你关上 MINI 汽车门的那一刹那，你就进入了 MINI 为你量身定制的 VIP Live 现场，无论你去哪儿，都会有你最爱的音乐，一路陪伴。

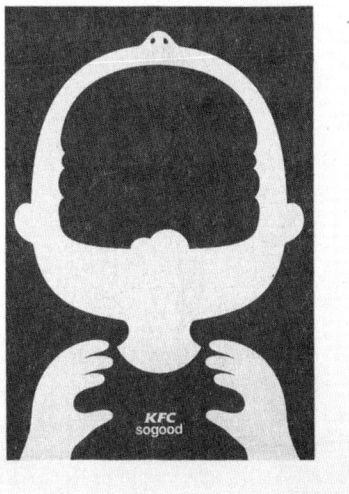

通过空间置换（把汽车行驶道路置换成磁带组成的音乐之路），突出产品特性的手法，表现力和画面感更胜一筹。

6. 制造竞争模板（The Competition Template）

跟非同类产品进行对比竞争，突出产品优势。

如李维斯牛仔裤广告，为了突出牛仔裤的结实，让牛仔裤和绳子竞争。车抛锚后拖车来了，但是没有绳子，于是用牛仔裤代替绳子来拖车。

再如联邦快递广告：

为了突出速度，让快递车和消防车竞争。联邦快递比火警还快，所以干脆用他们家的快递运送消防车。

通过让产品出于某种"非常用"的状况下来替代常用的产品，在这种非常规的竞争中，往往更能凸显卖点。

创意或许没有边界，但一定有模板，模板的存在不是为了限制想象力，而是为了托起想象力，让它更好发力。

记住这六个创意模板，向 89% 的优秀广告看齐，开始你的创意之旅吧。

让人意外：广告是打破常规的艺术

当所有产品都习惯于强调自己第一时，如果你这时候站出来，说自己排名第二，效果一定更好——这是打破常规为广告带来的效用。

打破常规，能够最大程度地吸引关注。它激起的情感反应是这样的：

1. 惊讶——吸引他人注意。

2. 兴趣——维持他人注意。

人类适应规律性事物的速度很快，持续不变的感官刺激往往让人视而不见，听而不闻。比如空调和冰箱的嗡嗡声，外面的交通噪声，只有发生变化时，我们才会注意到。

人脑可能忽略规律性事物，但天生就对各种变化十分敏感。

如果你的广告能够打破常规，制造意外，让人惊讶，那就成功了一大半。

下面是制造"意外"效果的几种手法。

一、让"不可能"成为"可能"

我们都知道汽车广告是什么样的，跑车突出昂贵或速度，卡车突出动能、载重或者稳定性，越野车突出越野性能，商务车突出品质，休旅车突出仓储，等等。几乎所有的汽车广告都是这样拍的：漂亮的一尘不染的车子穿行在山路、公路、野外，或者其他任何地方，配以华丽的文案独白。

因此，当一则汽车广告打算反叛这一常规时，它就很有可能创造出令人惊叹的创意。

比如人们津津乐道的沃尔沃卡车广告，为了突出卡车驾驶的稳定性和安全性，别出心裁地邀请了著名演员尚格·云顿站在两辆平行的、正在行驶的卡车之间，完成了一个据称没有使用任何特效的高难度动作。

惊险无比的场面，难以置信的效果，使得这个广告视频获得了数亿次点击和关注，并被评为 2013 年度最好的广告之一。

从不可能到可能，在这个过程中，需要明确几点：

1. "不可能"的事并非真的不可能实现，而是指在大众普遍认知中"不可能"完成的事；

2. 要打破公众认知，就要充分营造事件的"不可预测"性；

3. 创意要别开生面，忌模仿。

二、打破心理预期

甲壳虫汽车也是靠突破常规的广告而成功的汽车品牌，因为它是唯一一个拿自己缺点当卖点的汽车品牌。

Think small.

早在20世纪60年代，甲壳虫汽车刚进入美国市场，就开始拿自己的缺陷来做文章。当时美国还是大型车的天下，小巧的甲壳虫根本没办法开拓市场，是著名广告人伯恩巴克"Think small"的广告主张拯救了它，成就了甲壳虫几十年的经典。

这是甲壳虫另一则经典广告。文案是：别笑。

可爱小巧的甲壳虫汽车里，坐着一个牛高马大的警察。"严肃点，这可是警车甲壳虫！做这一行不容易，既要出得厅堂穿梭于停车场，还得下得警局抓得住坏人。"

Don't laugh.

虽然文案说的是"别笑",但整则广告却处处引人发笑,伯恩巴克用这种"逆向思维"还为甲壳虫创作了另一句经典文案,"我们可笑的小引擎当然能使我们可笑的小汽车快速前冲"。

这都是打破公众心理预期的精彩创意。

具体而言,打破预期的要点如下:

1. 知道大众的普遍心理预设是什么,比如当时的社会环境里,人们的心理预设是:广告都是夸自己的;

2. 打破预期要尽量使用幽默的方式,这样更容易被人喜欢;

3. 使用"陌生化表达"。

三、将"常识"推向"非常识"

将打破常规这一广告艺术实践得更加彻底的,是别克汽车公司昂科雷多功能休旅车(Buick Enclave)的一则电视广告。

广告开场:一部昂科雷停在公园前,男孩拿着橄榄球头盔爬进车里,两个妹妹紧跟在后面。

女声旁白:"别克推出全新车型昂科雷。"

接下来的镜头是:爸爸手握方向盘,妈妈坐在副驾驶座上,车内立着保温杯架。爸爸发动车子,从路边驶出。

旁白:"史上最宽敞的小型厢式车。"

汽车缓缓驶过郊区街道。

旁白:"本车功能包括遥控滑动门、覆盖150个频道的车载电视、全景天窗、自动保温杯架和六点定位导航系统……它是专为家庭出行设计的小型车。"

昂科雷停在十字路口。男孩正透过侧窗向外望，车窗上倒映着枝叶繁茂的大树。接着爸爸开车驶入十字路口。

意外就在这时发生了。一辆超速行驶的车子冲进十字路口，从侧面撞上了别克车。车祸相当惨烈，金属外壳变了形，玻璃一下子变成碎片。

画面渐黑，字幕浮现："没料到会发生这种事吧？"

问句淡出，回答淡入："这种事总是料想不到。"

背景音里，汽车喇叭因被卡住一直在鸣笛。最后，屏幕上飞入一行字："系好安全带，安全随时在。"

前面说过，我们对汽车广告存在固有的认知，那是因为大多数汽车广告都遵从着这些规则，即使是那些最具创意、最别出心裁的广告，也不会在汽车广告里来一段惨烈的车祸。这是常识。但别克昂科雷将"常识"推向了"非常识"。

"非常识"的意外信息是极容易引人注目并让人牢牢记住的。原因在于：

1. 违背常识的信息会在瞬间抓取人的注意力；

2. 注意力会带来深刻记忆；

3. 非常识的出现，会引发思考和探索的兴趣。

四、打破"新的常规"

如果我们承认，广告是一门不断打破常规的艺术，那么，常规本身也将是不断发展变化的。假设有一天，所有的产品都开始习惯示弱，都开始拿自己的缺点当卖点，这个时候能够看清趋势，出其不意颠覆"新常规"的人，就会出其不意地获得成功。

广告是一门永远要推陈出新的艺术。

在互联网"注意力经济"时代，所有的广告都追求"短平快"，希望瞬间抓取消费者注意力，一些品牌却反其道而行之。比如杜蕾斯为旗下的 Air 空气套宣传，推出了一条长达三小时的广告片。

新品发布的海报是这样的：

"好的东西值得等"，这并不是一句多么出彩的文案，抓住的也是很常见的消费者心理，人们对自己想要的东西总是会耐着性子去等，比如下一代苹果手机，限量款的乔丹鞋……但当你看到杜蕾斯在著名的哔哩哔哩弹幕网站推出的广告片，你就会明白这个"等"字意味着什么。

长达三小时的广告片，主题就是等待。前面 90 分钟用视频的缓冲符号＋两个人循环动态的形式，后 90 分钟则采取了"一镜到底"的手法，表现剧中人物的等待。也许你认为这样冗长无聊的广告没人会看，实际结果却是，不止 100 万人看了这则广告在哔哩哔哩网站上的在线直播，而且有超过 30 万人同时在线看完了。就连非主要渠道的腾讯视频，这部广告片也被播出了 11 万次之多。

通过这样一种反常规的形式，杜蕾斯空前成功地创造了大热的话题，百万的参与度，同时也在消费者心中创造出一个独特的记忆点。逆向思维，反其道而行之，反传统，这些都可以作为广告创新的重要方向。但一定不要盲目迷信这一点，叛逆本身也会逐渐成为一种常规，要想戳中人们在泛滥信息轰炸下逐渐麻木的神经，广告创意就要永远处在变化之中，永远打破边界，永不止步。

▌ELM 经验法则：广告就是要让销售成为多余

为什么大多数广告都是浪费？

有一种基于大脑神经学和行为经济学的说法认为：消费者只会在特定的时间、特定的场所，购买能够满足他当下目标的商品或服务，除此之外的信息，他都会视而不见。比如你刚刚吃饱，有人向你推销食物；或者你刚刚买了一台跑步机，有人又向你推荐跑步机，结果会如何？

人需要一件商品，或者一项服务，是因为有相应的目标要实现。肚子饿了要吃东西，无聊了要娱乐要社交，有需要，就有动机，而动机将引发行为，这就是完成"购买"的过程。假如缺乏特定场景，没有需要，没有目标，那就不会产生动机。

所以广告要做的事就是：使产品成为特定场景下消费者想要实现目标、满足需求时的第一选择。

这其实是里斯和特劳特的"定位"理论所阐述的："（品牌）定位就是在顾客头脑中寻找一块空地，扎扎实实地占据下来，作为'根据地'，不被别人抢占"，"是让品牌在消费者的心智中占据最有利的位置，使品牌成为某个类别或某种特性的代表品牌。这样当消费者产生相关需求时，便会将定位品牌作为首选，也就是说这个品牌占据了这个定位"。

如果说销售是在特定场景下，针对目标人群，运用话术等其他技巧而实施的一种促进购买的行为，那么广告文案的最高境界就是要让销售成为多余。在消费者产生需求的时候，你不需要再花费心思，在他耳边苦口婆心地推销产品，因为你早已在他心目中占据一席之地。

那么实际上品牌文案要怎么做？这里有一个法则可供参考：ELM经验法则。

ELM 经验法则，即推敲可能性模型（Elaboration Likelihood Model，简称 ELM），这一法则认为，改变人们的态度有两条路径：中央路径（central route）和外围路径（peripheral route）。

中央路径即利用逻辑、推理和深入思考来说服别人。

具体做法：灌输各种事实、数据、证据、证书、研究、报告，将它们融入你的文案中。如：

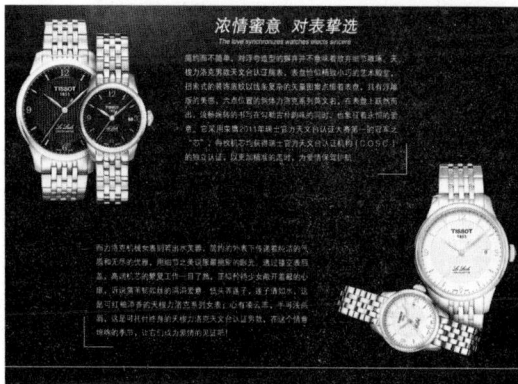

外围路径即利用愉快的想法和积极的形象或"暗示"所产生的

联想来说服别人。

　　具体做法：在你的广告文案中填满色彩缤纷、令人愉快的形象，幽默或受人欢迎的主题，或者名人代言、推荐，等等。如：

　　两种不同的路径，对应的是不同的消费者诉求。

　　大多数时候，在广告文案中，这两种处理方式是并存的。比如沃尔沃汽车的"安全"之所以能够在消费者心目中深深扎根，首先是因为那些别具创意的广告：

在早期的报纸广告中，沃尔沃汽车采用照相技术，拍摄了一张不可思议的照片，一辆辆沃尔沃汽车的超强叠加，充分证明其车身的坚固。

沃尔沃汽车的广告从来没有吝啬表达"安全"。"能战胜死神"，是广告特有的夸张手法，但的确是沃尔沃汽车的"自信"。

这种自信来源于历史、数据以及一系列事实，多年来，沃尔沃创造出许多世界第一：

1927 年：带自动雨刮器的安全挡风玻璃。

1944 年：整体式车厢，保护事故后的车内乘客。

1944 年：多层挡风玻璃，可以保证 15 年的使用寿命。

1958 年：固定式三点安全带，由沃尔沃的工程师 Nils Bohlin 发明，并于次年投入使用。

1960 年：填充式仪表板。

1967 年：后座三点式安全带。

1970 年：成立业内首个汽车事故调查研究小组。

1973 年：电子后窗玻璃除霜器。

1984 年：第一家全车系皆采用刹车防抱死系统（Anti-Lock Breaking System, ABS）的汽车公司。

1987 年：后中座三点式安全带。

1991 年：儿童安全座椅。

1992 年：具有 5 年寿命的防侧撞加强结构。

1995 年：发布世界上第一个防侧撞安全气囊（Side Impact Protection System, SIPS）。

2000 年：发布颈部保护系统（Whiplash Protection System, WHIPS）。

2003 年：发布配备有滚转保护系统（Rollover Protection System, ROPS）和横向稳定控制系统（Roll Stability Control, RSC）的多功能越野车（SUV）——Volvo XC90 V8。

…………

从"外围路径"入手，在消费者心目中建立起毋庸置疑的"安全"形象，"中央路径"则作为事实和数据支撑，有力地支撑起这一品牌的核心定位。

【案例】

宜家：
用户买的不是床而是睡眠

消费心理学家概括出人类共有的八种基本"欲望"，或者也可以称之为"八大原力"（Life-Force 8，简称 LF8）：

1. 生存、享受生活、延长寿命；

2. 享受食物和饮料；

3. 免于恐惧、痛苦和危险；

4. 寻求性伴侣；

5. 追求舒适的生活条件；

6. 与人攀比；

7. 照顾和保护自己所爱的人；

8. 获得社会认同。

除此之外，还有九种后天习得的需求：

1. 获取信息的需求；

2. 满足好奇心的需求；

3. 保持身体和周围环境清洁的需求；

4. 追求效率的需求；

5. 对便捷的需求；

6. 对可靠性（质量）的需求；

7. 表达美与风格的需求；

8. 追求经济（利润）的需求；

9. 对物美价廉的商品的需求。

如果你的产品或服务能够满足这些欲望或需求中的任何一种或几种，那么你就有条件提出利益主张，把产品的"好处"放在广告中，让销售像滚雪球一样增长。

当然，重点是广告中指明的"好处"，是能够向潜在消费者提供有价值的东西，而不是让自己受益的东西。

要知道，好处和特色不是同一种东西。例如对于一辆豪华轿车而言：

手工高级座椅——这是产品特色。

在所有气候条件下都能够享受奢华舒适——这是给消费者带来的好处。

特色是属性，好处则是消费者从属性中能够获得的东西，正是这些好处诱惑消费者掏钱埋单。

来看宜家这则日常促销广告，是如何在广告中填满好处，用"利益利益，还是利益"的法则来打动消费者的。

更低
价格

我们以更低的价格为您提供更舒适的睡眠。

我们使用了新材料，以更低的价格提供同样优质的产品，我们优化了产品的制造流程，制定了更合理的从供应商到商场的运输过程。

所有这一切都直接将节省的成本返还给您，让您以更低的价格享受更舒适的睡眠。

IKEA
宜家家居

标题：更低价格。

这张小宣传页用了近一半的面积，仅仅打上四个字：更低价格。简明扼要，充满诱惑，直接抓住消费者的眼球。

文案部分：解释"更低价格"的原因。没有一句废话，也没有华丽的辞藻，就像一个没有读过书的人在和你说话。

结语部分：所有这一切都直接将节省的成本返还给您，让您以更低的价格享受更舒适的睡眠。

消费者买的不是床，而是舒适的睡眠。与其强调产品功能、特点，不如强调利益、好处！不要一味吹嘘自己，要针对消费者，给出解决方案。

另外值得称道的一点是，整个广告单页，只有两色，红底白字，不花哨，而且无论标题还是正文都比我们常规的字号要大，让视力不好的人也能看清。

标题：我们为什么要减价处理床架和床垫？

正文：解释说明。

商家降价促销活动很多，而且虚假降价的情况并不少见，消费者对各种降价促销既感到麻木，也有所怀疑。针对这一现状，宜家针对这次促销写了一则详尽而诚恳的说明，看看这张平面广告的文案，理由充分，不容怀疑，加上限时限量的策略，足够让人心动。

标题：春天到了，该换被子啦！

副标题：春季推荐使用宜家3—4暖度的被子

正文：您感觉暖烘烘的一夜也许对别人来说冷冰冰。您感觉超

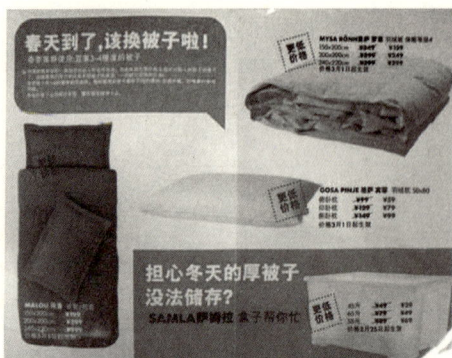

完美的枕头也许对别人的脖子就受不了，这就是我们设计如此多系列被子的原因，一切都为您特别打造！

麦萨被子有1—6的暖度供您选择。每种暖度的被子都有不同的填料——合成纤维、纤维素纤维和羽绒。

适合的被子让您睡得香甜，醒来感觉精神十足。

广告就是洗脑，在看到这则广告之前，你知道被子"暖度"的概念吗？但读过这篇文案之后，你是不是会对被子的暖度，枕头的高度，床上用品的材质更加在意了呢？

下面还有个标题：担心冬天的厚被子没法储存？萨姆拉盒子帮你忙。

你忽略的，没想到的，宜家都为你想到了。

人们在阅读一则广告时，会有意识地思考：WIIFM？（What's In It For Me）——我能从中得到什么？也就是说，人们不关心你的新设备，除非能够带给他们什么好处，人们不关心你几周年庆典，除非他们能够享受庆典带来的折扣和减价优惠。

在你的广告中塞满各种好处，而不是各种特色，要告诉你的潜在消费者他们会得到什么、怎样获得、他们的生活将怎样得以改善，回答他们一直试图弄清楚的WIIFM，消费者自然会用购买行动来回应你。

第二章

足够有趣，制造传神的口头禅

有意思，逗，就会有人看

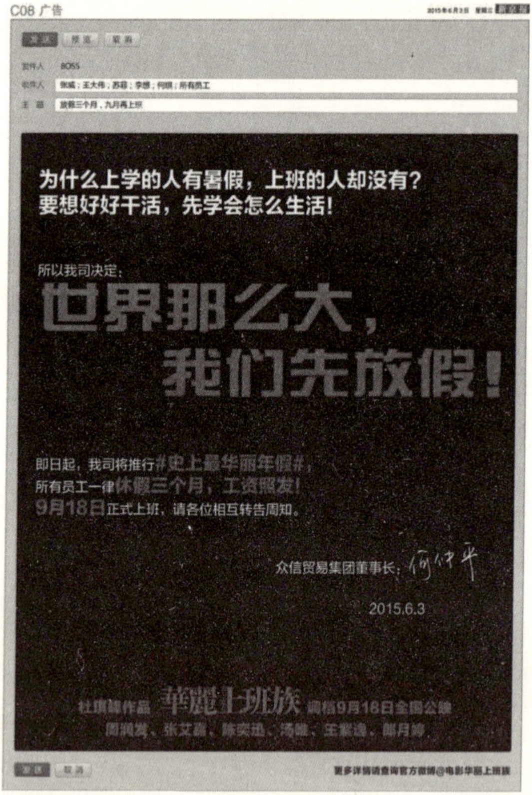

这是 2015 年 6 月 3 日刊登在《新京报》上的一则整版广告，相当吸睛，在网上引发不少讨论。

这封"世上最华丽年假"的放假通知，不是愚人节的玩笑，而是电影《华丽上班族》的一则调档广告，"众信贸易集团"则是电影中虚构的一家公司。由于后期制作等原因，电影调档至9月18日，因此广告中的"放假通知"也定于9月18日正式上班。

"世界那么大，我们先放假"，套用走红网络的辞职信"世界那么大，我想去看看"，引发众多上班族"羡慕嫉妒恨"。调侃式的文案，有爆点的内容，很容易引起人们的阅读和探究兴趣，尽管读到最后，大家都知道这只是电影的广告，但仍然无损于这则广告的趣味性和传播效应。

广告，和其他传播内容一样，只要有趣，逗，就会有人看。反之，"不注意，不惊奇，不发笑"，就是广告创意和传播的失败。

那么，怎样才能做出足够有意思的广告？或者，换句话来说，怎样才能做出"有人看"的广告？

1. 逗一点，再逗一点

《哈哈笑尿了，史上最搞笑广告》《××最新爆笑广告》《让网友笑到全身无力的××广告》……类似这种即使明确注明是"广告"的内容，在网络上通常也会有相当高的点击量和转发量。原因就在于：有趣的内容，谁都喜欢。所以要想做出"有人看"的广告，这个方法是永远行之有效的：逗一点，再逗一点，逗无止境。

什么样的内容会逗人发笑？

（1）反转。

日本银寿司的这则走红网络的搞笑广告，描述一对情侣约会时遇到恶狗，美女情急之下拿高跟鞋、胸垫和假发扔向恶狗，最后干脆洗掉妆容，露出大叔的真面目，吓退了狗狗，整个反转过程非常搞笑，而且这则短片和产品诉求的结合点也相当逗：看清食材的力量。只选最好的食材。

下面这则同样传播很火的广告，运用的手法也是反转：

这是一则温泉广告，视频前半段，美女入浴，只看到背影和侧面，画面十分性感诱惑，后半段忽然反转，露出正脸，居然是一个秀气的男人，简直是让人笑喷的神逆转。

反转的故事叙述往往能够带来相当逗趣的效果，这里的重点在于，首先需要运用精细的笔调营造一个完整的氛围，然后突然插入情节的转折，最后一口气呈现出令人喷饭的反转效果。

（2）反差。

当内容和形式之间具有极大反差时，也会产生很好笑的效果，比如这则日本邮政的广告：

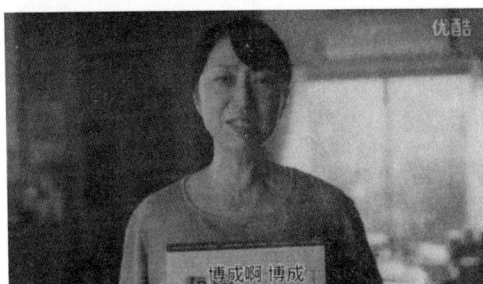

为了推广民众使用便利袋寄送小型邮件，日本邮政特别选在年底时一口气推出三支幽默歌唱广告。

68岁的爸爸唱：谢谢你，鼓起勇气，想传达给你这份心情，生日那天送来的便利袋，从里面拿出来的是领带，实在感谢女儿这份心意，但是我不用去上班了，因为啊，我退休啦，三年前就退休啦。

48岁的妈妈唱：Do you remember？ I don't remember。儿子忘记带的充电器，明明说好用便利袋寄过去，但我却忘了，对不起啊，博成啊，博成，对不起啊，对不起啊。

26岁的女孩唱：奶奶寄来的便利袋里，塞满了豆子豆子豆子和手织的肚围，豆子豆子豆子该怎么煮才好啊？喔～喔～喔～

这几人正儿八经唱着的，全都是一些相当日常的事情，就为了讲述女儿买错了礼物，或者忘了给儿子寄送充电器之类的琐事、囧事，不惜用上了美声和说唱等唱法，几个人的表情和演唱郑重其事，而且还特意模仿了歌手唱歌时投入感情的那种模样，极大的反差造成了极大的逗乐效果。

制造反差的重点在于，偷换形式或者偷换内容，比如用一种非常严肃郑重的形式讲述一些本来很平常或者很无聊的事情，或者用一种不正经的形式讲述一件很正经的事，等等。

2. 写出"意味深长"的文案

有趣，不一定是以夸张的情节或好玩的故事引人发笑，有时，让人觉得"有意思"的广告，也可能仅仅来自一句"意味深长"

的文案。如易信在报纸上做的一系列整版广告：

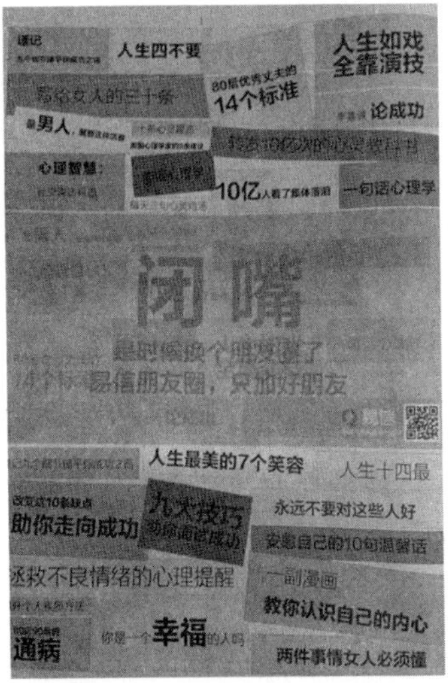

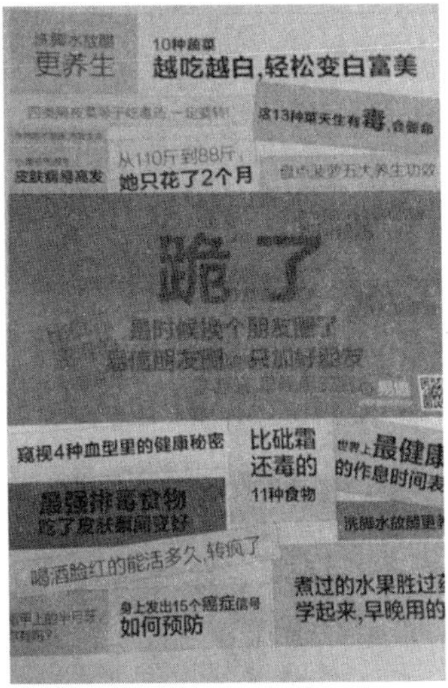

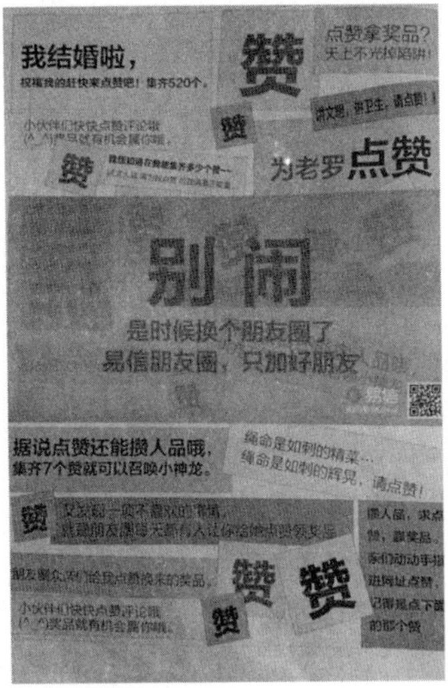

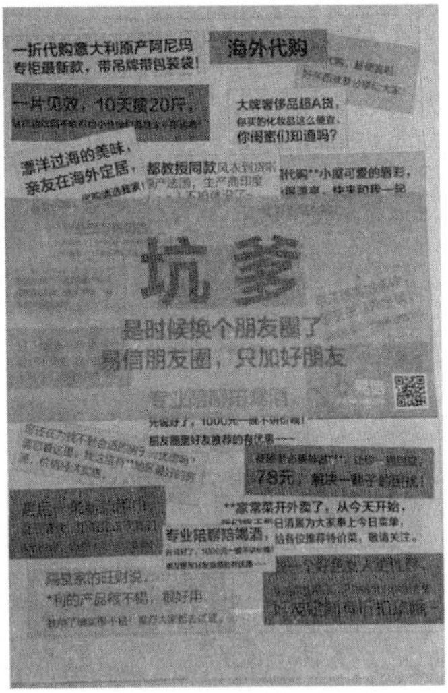

　　这几句简洁的"闭嘴""跪了""别闹""坑爹""呵呵"，再加上背景里那些"常见"的标题和文字，分明是在讽刺微信朋友圈里泛滥的各种心灵鸡汤、点赞狂潮、代购广告、谣言等现象。

　　这一系列叫板微信朋友圈的文案，可谓"意味深长"。对读者而言，即使并没真的打算换个朋友圈，也会在看到这则广告时会心一笑。更何况微信朋友圈的泛滥现象的确如广告所言，让人忍不住想要吐槽。

　　无论是为广告安插笑点，讲一个有传播力的故事，还是写出"意味深长"的文案，都不是一件容易的事。看到别人的广告，分析完了觉得很简单，自己操作起来往往无从下手。下面提供一些基本的方法，不妨一试。

1. 取材

光坐在那里抓耳挠腮、冥思苦想没有用，平时就要学会取材，从生活中，工作中，街头巷尾，身边的人群里，用心去看，用心去听，有时候，笑点、有趣的灵感和素材就是从中而来。

2. 做加法

不要给自己设限，拿一张白纸，写满有趣的想法，乱七八糟也好，怎样都好，总之，先做加法，把所有想到的东西都写下来，任思绪放飞，不断联想触发新的想法。

3. 做减法

在最后的创意成形之前，则需要开始做减法。你可能认为每个想法都有闪光点，都很好玩，但是要学会忍痛割爱，要减到极致。

4. 沉淀

如今，每个人都很容易通过各种途径得到信息，每天我们的脑子都会有新的信息进来，所以要学会去沉淀这些信息，只有时刻保持思考和心智的锐利，才能够留下真正走心的、有用的信息，用于你的创意。

5. 换角度

创意人，一定要有独特的看问题的方式。你要和大多数人不一样，别人都站着看世界时，你应该试着倒立着去看，别人都在陆地上看世界，你为什么不在水下看？别人都站在自己的立场看世界，你可以每天代入不同的身份角色去看……当你不知该如何下手时，记得跳出自己的身体，跳出目前的处境，去另一个时空游一游，很可能就会发现有趣的素材。

▌"娱乐至死"的时代，多点娱乐精神

著名媒体文化研究者尼尔·波兹曼的《娱乐至死》一书中曾提及：电视改变了公众话语的内容和意义；政治、宗教、教育和任何其他公共事务领域的内容，都不可避免地被电视的表达方式重新定义，而电视的一般表达方式是娱乐，所以一切公众话语都日渐以娱乐的方式出现，并成为一种文化精神，一切文化内容都心甘情愿地成为娱乐的附庸，其结果是我们成了一个娱乐至死的物种。

这本书问世已有30多年，如今，包括电视在内的传统媒介在互联网的冲击下已经失去昔日辉煌，但波兹曼对电视这一媒介做出的论断并未过时，它也同样适用于互联网媒介，或者说，比起前者，后者的娱乐化程度有增无减。

奇虎360董事长周鸿祎甚为推崇的一部书《商业秀》的作者斯科特·麦克凯恩根据现今商业的发展特征，总结出一个真理：所有的行业都是娱乐业。

在一个互联网喧嚣的时代，任何行业的成长都已经离不开娱乐的要素，企业应如何吸引消费者的注意？通过什么提高产品的价值，使产品更具吸引力？答案是："娱乐内容"或"娱乐要素"。

娱乐化流行的原因之一在于，现代人追求的是"3E 主义"：

1. 娱乐（Entertain）；

2. 体验（Experience）；

3. 享受（Enjoy）。

"3E 主义"集中体现了现代都市生活方式的特征。在现代社会高强度、快节奏的环境中，人们不愿意把自己逼得太紧，都希望能舒舒服服地享受快乐生活，这种心态造成了娱乐化流行的现状和趋势。

针对这一现状所进行的娱乐化营销，就是借助娱乐的元素或形式将产品与客户的情感建立联系，从而达到销售产品，建立忠诚客户的目的的营销方式。简而言之，就是把生硬的广告变得容易让人接受。

要做到这一点，企业和品牌就必须在社会化媒体上多点娱乐精神。

而娱乐化趋势带给品牌的挑战就在于，品牌必须具有娱乐精神，尤其在社交媒体平台上，要时刻准备着"演一出好戏"。在网络的即时传播下，没有比制造一出令人印象深刻、拍手叫好的"好戏"更有传播力的广告形式。

曾有用户在 Twitter（推特）上发表推文嘲笑 Smart 推出的小型环保车过于袖珍，也就抵得上一坨鸽子粪的大小。这条推文引起了网民热烈的跟帖讨论。

当一个品牌成了一则鸽子粪笑话时，企业该怎么做才能挽回形象?

Smart 的做法是：将这一切娱乐化。它拿出娱乐精神，干脆顺着"鸽子粪"的笑话将错就错，在 Twitter 上发表了下面这张图表，并配以说明："一坨鸽子粪哪里够？我们的安全车体结构（tridionsafetycell）实际能容下 450 万坨普通体积的鸽子粪，这可是经过精密计算得出的结论哦！"

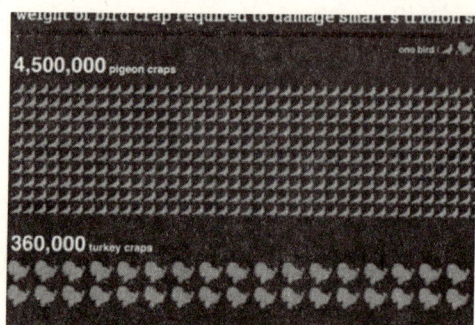

图文一经贴出，在 24 小时内成为 Buzzfeed、Mashable、Reddit 等各大网站的焦点，事后，Smart 官方网站访问量达到 333% 增幅。

通过"幽自己一默"，和网友的笑话互动，不仅树立了可亲的品牌形象，而且使得此举成为一个热门话题，相当于为自己做了一场免费而且有效的广告。

总的来说，互联网"泛娱乐"时代呈现出这样几个趋势：

1. 任何娱乐形式将不再孤立存在，而是全面跨界连接、融通共生。

2. 创作者与消费者界限逐渐打破，每个人都可以是创作达人。

3. 移动互联网催生粉丝经济，明星 IP 诞生效率将大大提升。

4. 趣味互动体验将广泛应用，娱乐思维或将重塑人们的生活方式。

5. 科技、艺术、人才自由，"互联网 +"将催生大创意时代。

所以我们会看到，品牌在娱乐自己的同时，也在被用户娱乐着，这是一个全民娱乐的时代，一切娱乐都在跨界连接。

在社交网络上，被人们进行彻底"娱乐化"消费的品牌当属山东蓝翔技校。为什么一家技校会这么红？原因很简单，这是一家相当具有娱乐精神的技校。这种娱乐精神使得他们事件不断，常年占据新闻头条，再加上网友的集体"恶搞"，想不出名都难。

比如鼎鼎大名的黑客事件，国外媒体称蓝翔技校与军方有密切关系，是黑客的大本营，蓝翔否认了这一点，却不忘借此"自黑"，在互联网安全大会上，他们冲到现场拉标语，"学黑客技术哪家强，山东济南找蓝翔"。

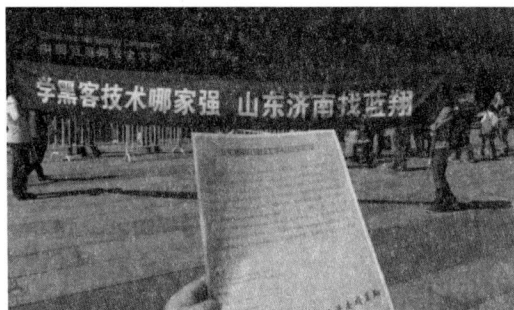

由于蓝翔的电视广告多年不变，如"学挖掘机学校哪家强？

中国山东找蓝翔""试学一月不收费"……这些广告语早已潜移默化植入人们的记忆之中，再加上蓝翔总是新闻不断，由此带来一大批网络段子的诞生。

比如一个老段子："兄台毕业于哪个学校？""不才毕业于纽伊斯特学校。""那是名校啊！""言重了，敢问阁下？""布鲁弗莱在读中。""哇，也是青年才俊，前途无量。"我从旁边走过，目不斜视，不就是新东方（New East）和蓝翔（Blue Fly）吗？

再如：盛传蓝翔校长荣兰祥在2014年毕业典礼上讲的一段话："同学们，咱们蓝翔技校就是实打实的学本领，咱们不玩虚的，你学挖掘机就把地挖好，你学厨师就把菜做好，你学裁缝就把衣服做好。咱们蓝翔如果不踏踏实实学本事，那跟清华北大还有什么区别呢？"

关于蓝翔的段子，还有一种所谓的"蓝翔体"，大致模板是，前半段写一个非常感人的故事，最后忽然引出问题"学挖掘机哪家强"，造成出其不意的爆笑效果。

这些段子，有的是蓝翔"自黑"，有的是网友"恶搞"，甚至蓝翔出名后，有不少影视作品都在植入"山东蓝翔技校"的名字。

比如电影《失恋33天》中，王小贱要给黄小仙剪刘海，黄小仙皱着眉头问："你有蓝翔技校的美容美发毕业证吗？"电影《越来越好之村晚》中，王宝强饰演的男主角在应聘五星级酒店厨师时，饰演招聘人员的演员伊能静说："我们这里最小的厨工，可都是两大学校毕业的呢，蓝带和蓝翔。"电视剧《老米家的婚事》

中，演员马丽调侃自己"高考一二三志愿都被改成了蓝翔技校"，等等。

对于所有的恶搞、调侃、嘲弄，蓝翔技校毫不介意，甚至将这些故事写进了招生简章。此外，蓝翔广告部的工作人员还将所有影视剧、媒体、网友"免费给蓝翔做的植入广告"剪成了一部半小时的片子，在网上热传，可以说真正将"娱乐自己""娱乐他人"的精神发挥到了极致。

人人都喜欢好玩的东西，假如一个品牌能够制造一场好玩的事件，或者在一个娱乐事件里表现出幽默、机巧和智慧，那么，大家就会买账。谁管你是否真实？只要你看起来"真实"，或者仅仅是看起来"好玩"，那就够了。

四招让广告"好玩"起来

我们经常说，广告无处不在。尤其在这个"一切皆媒介"的时代，互动传媒，楼宇广告，户外广告牌，网络横幅广告，互动公告板，手机短信，各种社交网络平台，视频网络，电影，电视剧，停车场，人行横道，电梯，甚至杯子，盐罐，小便池……无论你在哪里，无论你在做什么，看什么，玩什么，都会有广告出没。

正因为无处不在，所以 80% 的广告是没人看的。无论是媒体人还是互联网人都在说，"内容为王"的观点已经过时了，在这个年代，稀缺的不是好内容，而是注意力，获取注意力才是广告和文案的首要考虑因素。那么，靠什么来获取注意力？对此，"文案教父"路克·苏立文的建议是：

别把广告做成广告。

广告一定要做成"标准学院式"？一定要中规中矩地出现在"它常常出现的地方"（如电视、杂志、户外屏幕，或者新媒体）吗？当然不是。它最好看起来不像一则广告，这样才会足够"好玩"，吸引更多注意力。

怎样让广告看起来不像广告？试试这些方法。

1. 尝试有争议的创意

这里有个有趣的例子，在美国遗产基金会反对年轻人吸烟运动中，有一则的广告文案是"香烟含氨，狗屎也含氨"。广告的诉求很清晰，文案也不错，成功营造出了一种令人不悦、不适的感觉。接下来的问题就在于，用什么方式来呈现这句出色的文案。平面广告，电视广告，或者户外广告？

就在策划团队决定广告形式的时候，一个天才般的创意冒了出来：嘿，我们制作一些印着这句文案的小标记，然后将这些小标记直接放在城市公园里的狗屎上怎么样？

匪夷所思，谁会在狗屎上做广告？

结果，他们真的这么做了。

接着，他们做出了平面广告：广告上画着三坨狗屎的标志。

再接着，他们做出了电视广告：拍摄了一些志愿者去公园将这些小标志放在狗屎上的镜头，当然镜头里没有漏掉好奇的路人。

就这样，一个小小的创意，诞生了一系列多媒体广告，成功引来了人们的兴趣和关注。更重要的是，人们会讨论这个创意，因为这是一个"有争议"的创意。

"有争议"，可以理解为"出格"，如果一个创意会让你产生"我们不能这么做"的想法，那就对了。这个时候，记得问自己一句：如果我们这么做了，会有人讨论我们的创意吗？如果答案是肯定的，那就一定要尝试去做。

不要去管这个创意是"卑鄙的""恶作剧的"，还是"任性的""反抗的"，人们骨子里都喜欢"坏人"，因为"坏人"破坏秩序，让事情变得更有趣。

2. 用"错误的方式"使用媒介

这是360手机卫士在报纸上投放的广告，大胆的创意、霸气的数据引发不少争议，也获得诸多网友点赞。

谁说互联网品牌不能在平媒上做文章？谁说在平媒上做广告

一定要用"图片＋文字"的常规形式？这两则广告（尤其是第一则），很好地利用了报纸媒介的常规广告页面形式，同时结合自身产品特性，极具创意地打破了这一常规。

忘记那些常见的广告形式吧，户外广告必须是广告牌的形式吗？一定要规规矩矩地竖立在车站、商场、街道橱窗，或者张贴在墙壁上吗？实际上，它也可以是这样的：

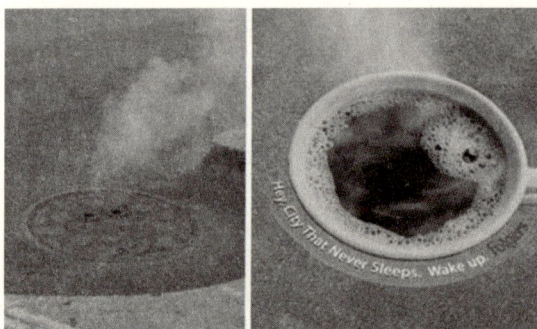

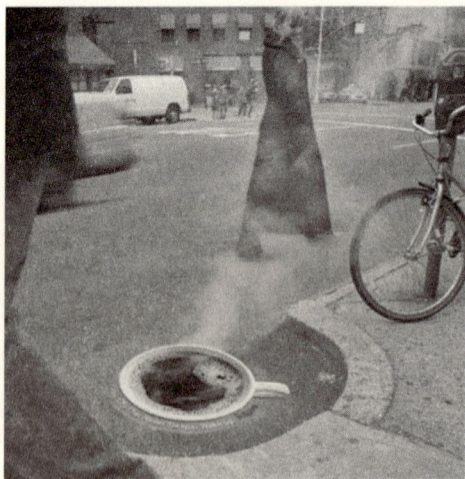

这则户外广告，利用下水道井盖冒出的热气，在马路上再现了一杯热气腾腾的咖啡，惹来路人驻足。如果这杯咖啡被画在街边一块广告牌上，你还会驻足停留吗？比起那些花费昂贵的户外广告投入，这种广告形式的效果无疑更好。一个小小的打破常规的创意，是可以带来真金白银的。

下次，在做一则广告之前，请先把常规放在一边，先假设你不能正常使用任何媒介形式，然后尝试一些"错误的方式"，看看是否会获得有趣的创意，制造出意料之外的效果。

3. 在有趣的内容中"植入"广告

没有人喜欢看广告，这是常理。人们会对正儿八经的广告怀有戒心，而对那些看起来不像广告的东西心怀善意。当你必须做一则广告时，尽量别想着广告，去做点别的事。比如，你可以试着先拍一部有趣的短片，像耐克一样：

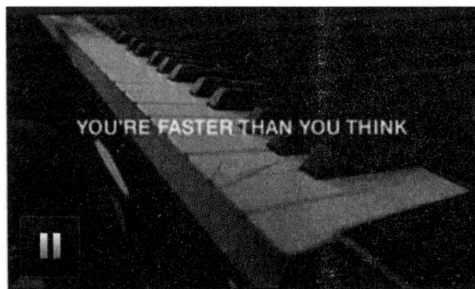

1分钟的广告，只在最后几秒出现了品牌LOGO和广告文案。除此之外的时间，全都在将一个有趣的故事：钢琴家起床晚了，演出就要开始了，他一路穿越众多障碍，终于穿着自行车服抵达

现场。整个短片的拍摄、剪辑、音乐，呈现的视觉效果，完全是电影的水准。这样的广告，不看到最后，你甚至都不知道是什么广告。但神奇之处也就在这里：你总是会被吸引着看到最后，甚至下一次，你可能还会愿意再看一遍。

除了别做广告，做什么都好。拍一支短片，写一篇文章，做一个游戏，做一切看起来不像广告的事，然后把你的广告悄悄"植入"进去。

4. 创造一些很酷的东西

通常来讲，广告是需要付钱让人来观看的。当然，即使付了钱，也并不能保证广告真正被"看到"。那么，怎样在不付钱或少付钱的情况下，实现绝佳的传播效果呢？

看看那些被疯转的病毒式广告，它们的共同点在于：有一个很酷的创意。很酷的创意，才会引发观看者主动地进行二次传播。

多芬曾经制作过一个名为《蜕变》的视频广告：

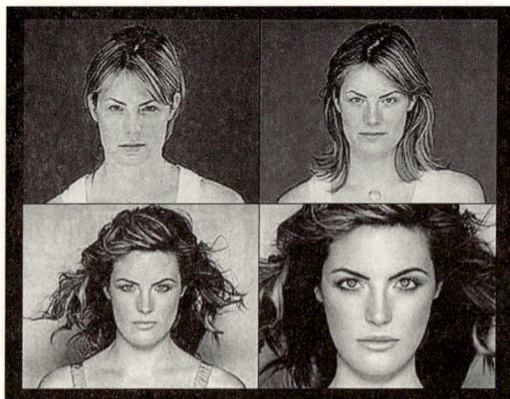

广告片中的女孩名叫斯蒂芬妮，影片一开头，斯蒂芬妮脸上没有任何化妆，能看出来相貌很普通。接下来，一组专业的化妆师和美发师开始为她进行美容。化妆完成后，斯蒂芬妮变得像职业模特一样光彩照人。然后，专家通过计算机软件对斯蒂芬妮的照片进行数字技术处理，拉宽眼睛，抬升眉毛，让嘴唇变得更加丰满；脸颊、鼻子和额头也都变得更窄，更符合大众的审美标准。最后，这张照片简直可以和任何明星、超模的照片媲美。广告说道："毫不奇怪，我们对美的理解已经被扭曲。"

很酷吧，它看起来完全不像广告，也没有一句话提到产品，而是通过展现一个美的"人工打造"过程，传递一种关于"美"的思考。

视频完成之后，多芬仅仅是将它放到 YouTube 上，同时群发了一封邮件，除此之外，没有做任何传播。结果视频大受青睐，网友纷纷表示，"这段视频让我对自己的感觉好了100倍"，就这样，视频在网络上迅速传播开来，几天后，就出现在了 CNN 和 BBC 官方网站上，甚至还出现在韩国的电视节目中。

这就是优质的创意带来的自发式病毒传播效果。

如何做出幽默广告：5+3 创意法则

离经叛道的广告界怪才乔治·路易斯在谈及幽默时说：

"幽默在广告中有效吗？"这个经常被问到的问题真是很愚蠢。

难道有人会问："幽默在生活中有效吗？"如果幽默是适合并有趣的（如果它并不有趣，我们就不会谈论它了），它就应该是"有效"的。问题是，"如果没有幽默，你难道能够创作出广告吗？"

幽默在广告中的重要性，用英国广告大师波迪斯的话来说就是："巧妙地运用幽默，就没有卖不出去的东西。"

现代心理学认为，幽默是对人们心理的一种特殊适应，是对心理理性的一种特殊反叛，它是以突破心理定式为基础的。在广告这一领域，人们的心理定式是：广告是讨厌的东西。能够突破这一心理定式的方法之一，就是幽默。

泰国某银行萌宠幽默广告《狗的报恩》，在 YouTube 上获得数百万点击量：

短片讲述一只流浪狗的报恩故事。它从一位好心的男子那儿得到一串肉丸后，就开始了"疯狂"的报恩：帮他占停车位，驱赶在他车上拉屎的鸟儿和在他轮胎上撒尿的狗狗，还会帮他洗车，最后甚至察言观色，为他创造了和心仪女孩接近的机会。由此传递出银行的广告诉求：简单的付出，可能会得到超出想象的回报。

夸张的故事，轻松活泼的配乐风格，以及狗狗"浮夸"的演技，令人忍俊不禁，同时又让人收获了浓浓的温暖和感动，红遍网络也是理所当然。

幽默广告的优势就在这里。学者戴维·刘易斯曾经用仪器测量过大脑对电视幽默广告的反应，研究结果表明，当人们大笑或微笑时，压缩的血管会使更多的血液被挤入大脑，从而使大脑分泌内啡肽，产生良好情绪，从而让人们从一个更积极的角度来看待广告和产品。

研究同时显示，喜剧情节对大脑的效果与催眠很相似，在这种状态中，受众的注意力容易变得精准、热烈。因此，幽默广告能够让人在一种轻松、快乐、谐趣的氛围中解除对广告的"戒心"，自然而然接受广告传递的商业信息。

那么，怎样做出幽默广告？试试5+3创意法则，即5个创意手法+3种创意策略。

5 个创意手法

根据消费者行为学领域的成熟理论模型之一 AIDMA 模型，消费者从接触信息到最后达成购买，会经历 5 个阶段：A——Attention（引起注意），I——Interest（引起兴趣），D——Desire（唤起欲望），M——Memory（留下记忆），A——Action（购买行动）。幽默广告也不例外，根据这 5 个阶段，我们分别来讲一讲幽默广告的 5 大创意手法。

A：Attention（引起注意）——手法：夸张

夸张是幽默广告创作手法的基础，也是其吸引注意力的法宝。

如麦当劳的系列广告：

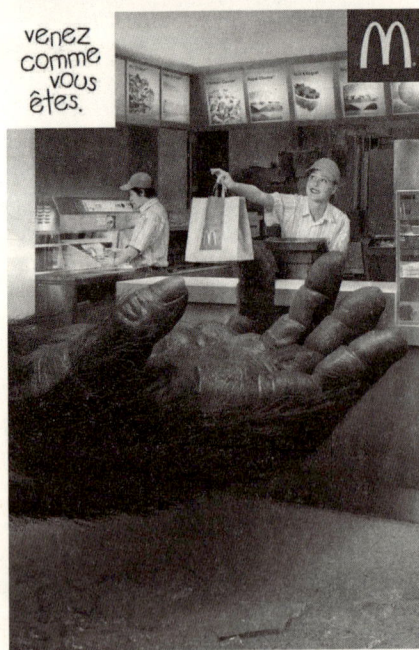

广告诉求是：Come as you are，来这里吃饭吧，该怎样就怎样，做你自己就好。很有意思的创意。夸张的画面，十分引人注目。

还有这则广告：

看出来了吧，这是一则袜子广告，袜子质量太好，害得这个笨贼连打劫都搞错了对象，实在有够夸张，但是很有趣。

再看京东的一组平面广告：

极度夸张慢递之慢，从而突出京东快递之"快"，效果令人喷饭。这组广告在线下投放之后，反响巨大，引发集体恶搞热潮。

夸张，其实就是集中、突出表现对象或产品诉求的某些细部特征，将其放大或变形，这样的手法往往能够让广告产生夸张的幽默效果，成功吸引注意力。

I：Interest（引起兴趣）——手法：陌生化

陌生化，是指故意违反世态人情的常态，造成反常的幽默效果，从而让人产生探究的兴趣。这个手法在喜剧里经常使用，运用在广告中，也能造成同样的效果，如法国依云矿泉水一支点击上千万的《跳舞宝宝》视频：

镜子中映照出可爱的萌娃，和大人做出一样的动作，露出一样的表情，跳着一样的舞蹈，这种完全不符合婴孩常态的违和感，很有喜感。这面让人"返老还童"的镜子，也恰到好处地表现出产品功能诉求：Live Young。

再如这支杀虫剂广告：

产品效果太好，以至于以虫子为食物的食虫草和青蛙都要出来找工作养活自己了。这当然是不可能发生的事，所以很有趣。

再看日本一则自我吐槽的搞笑冰棒广告：

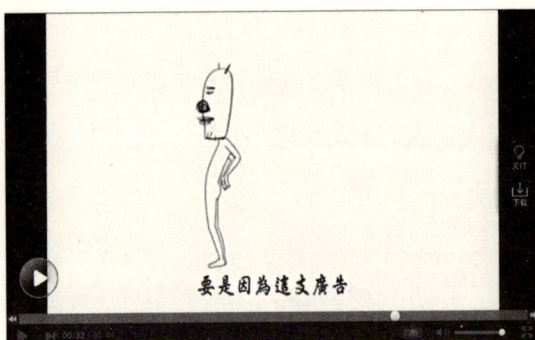

要是因為這支廣告

銷售額增加的話

那就真的奇怪了

一个并不可爱的动画小人出来又唱又跳，自己吐槽自己：不是新品上市却做了这支广告，要是因为这支广告，销售额增加的话，那就真的奇怪了，让人笑到无力吐槽。

反常的事情总是能够制造幽默感，同时引起人们一探究竟的兴趣，就看你是否善于巧妙抓住并再现那些生活或现象中的反常之处。

D：Desire（唤起欲望）——手法：拟人

在一则幽默广告里，拟人是很重要的手法之一。因为拟人带来的形象化的幽默表达，往往能够避免广告自卖自夸给消费者带来的反感，同时也能够有效刺激消费者潜意识下的购买欲望。

比如，你可以将产品本身拟人化。

佳得乐总是赢：

M豆，快到碗里来：

或者，也可以将与产品相关的东西拟人化。

如卫生用品广告将细菌拟人化：

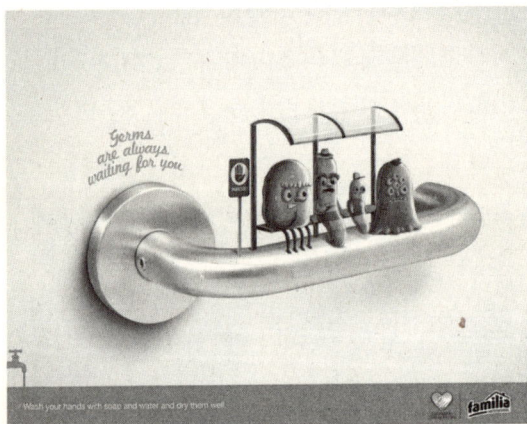

百事可乐青柠口味，青柠拟人化：

M：Memory（留下记忆）——手法：双关

双关也是搞笑常用的手法，在广告中，双关的运用能够起到"言在此而意在彼"的作用，产生令人捧腹的幽默效果。

双关可以是谐音双关，如某化妆品的广告词："趁早下斑，请勿痘留"，箭牌口香糖的"一箭钟情"。

再如陌陌上市之际，网易发布公开声明，向网易前高管现任陌陌 CEO 唐岩开炮，引发各家品牌的文案"声援"：

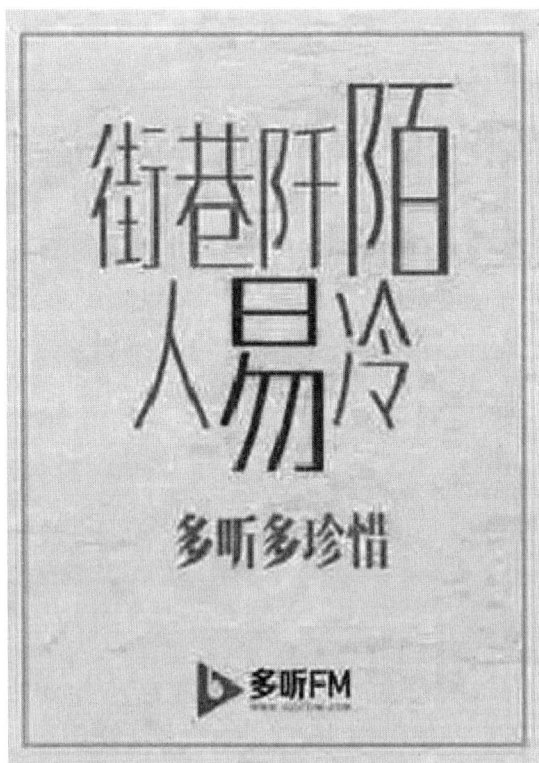

陌上人，情易散
人生若只如初见

时光盛典 回忆那些年

时光盛典
12月1日—12月15日

双关可以让消费者对充满智慧的广告语产生喜爱之情或玩味之心，从而在开怀一笑间，记住产品，实现爱屋及乌的传播目的。

A：Action（购买行动）——手法：组合创意

广告大师詹姆斯·韦伯·扬提出的"旧的元素，新的组合"的广告创意，也是幽默广告的手法之一。

詹姆斯认为创意的产生包括几个步骤：

积聚原材料。

在头脑中研究这些材料。

孵化。

创意的实际产生。

进行最后的补充和雕琢。

创意的产生过程实际上是对"旧元素的全新组合"，而幽默感往往也是从这种组合过程中产生。

例如，香蕉和绳子组合在一起：

这则引人发笑的广告来自"果汁先生"，香蕉和绳子，单独来看，都是很常见的元素，但基本不会被放置在一起，当这两者组合时，就产生了搞笑的"香蕉上吊"的场面。

再如 Premier 厨用纸巾广告：

将纸巾和熊、骆驼、猫咪这些元素组合起来，形成新的元素，相当有趣的广告，用一种又萌又好玩的方式呈现出产品诉求：纸巾的强大清洁能力。

创意并不是创造，而是重新组合。生活中常见的元素很多，很多看上去没有联系的元素组合在一起，很可能就是创意和幽默感的来源。要做出幽默感十足的广告，首要的一点就是，要有一双善于发现的眼睛，以及一双让想象力腾飞的翅膀。

3 种创意策略

以上是创作幽默广告的一些具体手法，但需要注意的是，并非所有产品都适合幽默诉求，一则广告，也并非有了幽默感就能够成功，除了幽默的打造之外，还存在一些必须遵守的原则和实现效益的策略。

1. 为产品而幽默

幽默不是搞笑，幽默广告的目的也不是为了让人们捧腹大笑，幽默只是广告的一种有效手段，其目的还是为了推销产品。所以，在运用幽默时，一定不要本末倒置，将广告诉求抛在一边，单纯为了吸人眼球而搞笑。如果广告很搞笑，但看完之后，笑完之后，观众根本没有记住你的产品，那就很失败。

因此，在幽默广告创作过程中，幽默的点一定要和产品的诉求点保持一致，要以产品为核心，将产品隐藏在幽默诉求里，并在幽默的最精彩处呈现产品的承诺。

2. 注意把握幽默分寸

不同文化背景的人对幽默的理解不同，不同年龄段、不同社会阶层、不同民族、不同地域、不同审美习惯，甚至不同性别的人，对幽默都有着不同的心理接受度。比如一则取悦男性的幽默广告，女性可能不觉得有趣，一种放在西方社会大家都能心领神会的幽默，移植到东方可能没人能理解，或者一则笑点低俗的幽默广告，受过高等教育的人也不会觉得好玩。因此，一定要对目标受众的心理需求和文化背景有很深的理解，这样才能创作出受人青睐的广告作品。

3. 幽默广告并非适用于所有行业，所有时机

通常来讲，幽默广告比较适用于感性化需求的产品，如快消品、娱乐产品等，而一些严肃或功能性强的产品或服务，如医药、保险等，则不太适用。同时，幽默广告也有其适用的时机，比如企业或产品遭遇安全问题或形象受损，这个时候再以幽默示人就显得不合时宜。

幽默广告能够在众多广告中迅速吸引眼球，成为"焦点"，在让人忍俊不禁的同时引发对广告诉求的注意。因此，这是一个

很常用的广告手法。但是，真正的幽默不是说两句网络流行语，或者来点搞怪效果就能够实现的，它应该具有巧妙呈现产品诉求的充满机智的创意，以及思维上的跳跃性和延展性，造成一种引人发笑又让人回味无穷的幽默情境。

试着运用这 5 个创意手法和 3 种创意策略，来创作真正有趣的广告吧。

【案例】

杜蕾斯广告：
可以逗乐，不要太贫

作为社会化媒体营销的先行者和佼佼者，杜蕾斯的社交广告向来为人津津乐道。

首先是它的反应速度——由于背后有专业团队运作，对热点、负面公关的处理速度相当快；

其次是它的借势力度和角度——对热点迅速反应，借势广告迅速出炉，角度犀利、独特；

再次是它的互动——和粉丝之间互动频繁，不端着；

还有它的定位和风格——由于将自己的品牌人格定位成"花花公子"，因此广告风格基本都倾向于"不正经"；

…………

在此，仅就广告的"不正经"、逗乐风格做一番盘点：

2011 年 5 月，一个男人和一个女人把私奔消息发布到微博上，瞬间爆红，转发量高达 7 万多，一时间被网友们戏称为"私奔体"。

杜蕾斯敏锐地捕捉到这条热点微博中的关键词"男女""私奔""幸福"，在第二天下午便原创一条微博，很快掀起第二轮的话题讨论：

私奔需要准备3样东西：1、杜蕾斯 2、现金 3、一起私奔的他（她）。大家说呢~？？（图片来自网络）

2011-5-17 17:40 来自 微博 weibo.com

性，是人们生活中的一个敏感话题，杜蕾斯很善于抓住那种"有一点禁忌感，又大胆谈性"的感觉，制造一点点"大家都懂"的暗示，再加上文字的幽默感，因而很容易在网络上掀起话题。

比如 2014 年平安夜的一条微博：

希望你今晚收到宝贝，而不是宝贝儿。

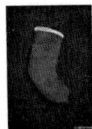

2014-12-24 22:25 来自 微博 weibo.com

再如电影《一步之遥》上映时，杜蕾斯的"一杜之遥"海报：

再如，喜欢晚睡的新浪草根名微博"作业本"曾经发过一条恶搞微博："今晚一点前睡觉的人，怀孕。"杜蕾斯发现此条微博后，立刻转发并评论："有我！没事！！！"

随后包括"作业本"回复并转发的两条相关微博，共被转发7000多次，当天杜蕾斯微博就增加粉丝3000人。

有我！没事！！！

@作业本
今晚一点前睡觉的人，怀孕。
2011-4-12 22:08 来自 微博 weibo.com   转发 4695 | 评论 2533 | 👍1

2011-4-12 22:18 来自 微博 weibo.com

杜蕾斯在春晚期间也凑了一把"热闹"：

于正制作的《神雕侠侣》热播时，与原著相去甚远的陈妍希版"小龙女"成为微博热门话题，与"小龙女"相关的话题也遭到网友的热议和恶搞，比如，小龙女与杨过分离16年的千古之谜：这十六年小龙女是怎么解决需求的。

杜蕾斯的微博是这样的：

这十六年来。。。

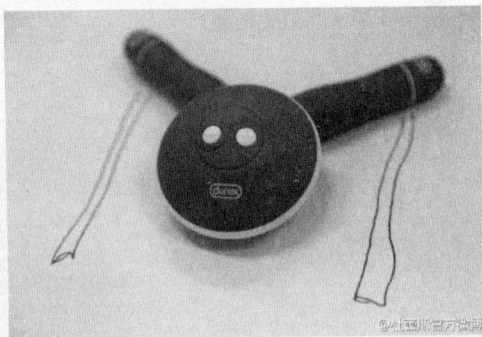

总的来说，社交文案的趣味性来源于这几个方面：

1. 善于借用"禁忌"话题；

2. 暗示、比喻、夸张手法的巧妙运用；

3. 切入角度富有创意；

4. 借势及时，这样有助于直接利用热门话题的"趣味点"；

5. 吸取与名人、粉丝互动的灵感和闪光点。

当然，在逗乐这条路上，尺度的把握很重要。可以逗乐，但不能太贫。人们对充满"暗示"的话题欣然接受，是因为有"心照不宣"的快乐，有可供想象的余地，如果逗乐太直白，就失去了诱惑力。

比如杜蕾斯，有一点"花花公子"的气质，但并没有降低格调，不贫嘴，也不开粗俗的玩笑，更多的是掀起"禁忌"话题的一角，剩下的，就交给读者去想象、补充。

第三章

无损耗地传递产品精神

弱化功能，传达核心理念

"万事皆可达，唯有情无价。"

这句耳熟能详的广告语来自国际五大信用卡品牌之一，万事达。

与 Visa、美国运通及其他信用卡相比，万事达的品牌形象和品牌理念显得独树一帜：

1. 强调"无价"：那些用钱也买不到的价值；

2. 着重为消费者提供非物品的体验：和家人、朋友共享美好时光。

这种独特的品牌诉求，使得万事达在商业上获得了巨大成功，成为许多信用卡消费者的首选。

几乎所有万事达的广告都传达出这一核心理念：

每个广告片都对画面中出现的物品标上价格，比如衣服××美元，看一次比赛××美元……最后强调广告中某种抽象的东西是无价的，这个抽象的东西通常是亲情、友情，有时也是安全，总之都是金钱买不到的东西。

作为一款信用卡产品，广告诉求的关键词本来应该是购物、支付、金钱。但万事达广告却将产品功能极大地弱化，而将品牌核心理念的传递放置于极其重要的位置。这意味着他们非常清醒地理解这一点：传达品牌理念是避免品牌"同质化"的最佳手段。

如果你认为广告文案只需描述产品，传达产品的功能和卖点，那就错了。文案不是闭门造车，当你下笔时，要确保你已经知道了这些事情：

1. 产品的特色跟功效是什么？

2. 哪一项功效最为重要？

3. 产品在哪些方面有别于竞争对手？

4. 假如产品跟对手没什么不同，有什么特色是竞争对手还没有提过的？

5. 这项产品如何与竞争对手做出区隔定位？

6. 谁会买这个产品？

7. 产品究竟可以提供哪些好处？

8. 为什么他们需要这个产品？为什么他们现在就需要？

9. 消费者购买时，主要的考量是什么？

10. 消费者购买的动机是什么？

…………

为什么要事先吃透这么多问题？因为广告的作用不是描述和赞美产品，而是给消费者一个购买的理由。

看看两种广告的区别：

第一种：单纯描述产品功能的广告——站在自己的角度自说自话；

第二种：给消费者提供购买理由的广告——站在消费者的角度和他们达成沟通。

为什么广告不能站在自己的角度自说自话？

因为你考虑的关键点是：我的产品很好，这么好的产品，当然有人买。

而消费者考虑的关键点是：是的，你的产品很好，可是别的同类产品也一样好，况且，你再好，和我又有什么关系？

即使你的产品功能具备开天辟地的独创性，也并不意味着它可以打动消费者。因为促使消费者产生购买动机的是产品给他带来的附加价值，而不是产品功能本身。

无印良品的首席设计师原研哉很清楚这一点，所以他说："我做的是光线的设计，而不是产生这些光线的照明器材的设计。"

广告创作者如果深谙这个道理，他就会说："我写的是产品功能为用户创造的价值，而不是功能本身。"

这样品牌在消费者心目中，就会形成情感上的联结。

而情感联结是独一无二的，它是独一无二的品牌壁垒。

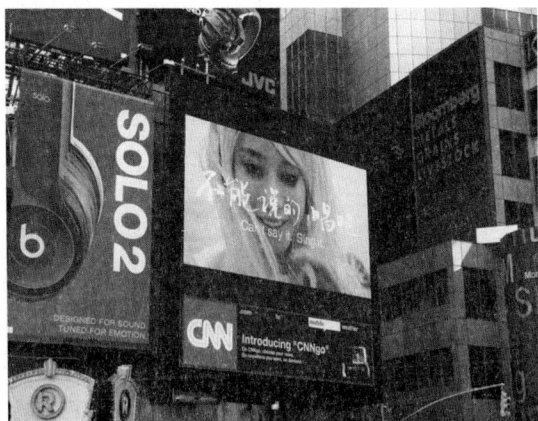

这是坐拥 3 亿用户的唱吧在美国时代广场投放的广告。由于

其忠诚用户绝大部分都是 90 后甚至 00 后，因此这则电视广告片针对这一群体的心理痛点，展示了中国年轻群体最真实的一面。

他们不是无法沟通，只是懒得解释：

他们不是肆无忌惮，只是敢爱敢恨：

他们想静，就不要别人打扰：

他们想唱，就要惊动世界：

唱吧的产品功能是：KTV 手机应用，兼社交、交友功能。

但你可以看到，广告完全没有提及这些。

它只是反复在说，年轻人是什么样子的，其中的潜台词是：整个世界都误解了你们，只有我懂你们。

不能说的，唱吧。

亮相美国时代广场，代表目标用户群体向全世界发声、正名，还有比这更能戳中用户情感的行为吗？

广告文案一味致力于描述和赞美产品功能，是很不明智的做法。它面对的是用户，所以应该创造一种深层用户体验：

1. 给出承诺；

2. 在品牌和用户之间创造出一种感情上的联系；

3. 以用户的观点为基础；

4. 可重复，可界定。

抛开消费者购买动机不说，仅就产品而言，功能是最容易陷入"同质化"旋涡的东西，尤其在信息壁垒和技术门槛都越来越低的互联网时代，你今天刚刚开发出来的功能，竞争对手第二天就能完全模仿，甚至可以比你做得更好。

所以你应该传达给消费者的是：你的品牌理念、世界观、价值观。这样品牌才能在消费者心智中建立起独一无二的竞争壁垒。

从产品到广告："零损耗"的七个要点

根据《2015 年微信用户数据报告》，截至 2015 年第一季度，腾讯旗下的社交 App 微信已拥有 5.49 亿活跃用户。这样的一款社交产品，产品文案是怎么写的呢？

这是早期的产品文案：

这是现在的文案：

作为一款通信社交软件，微信的早期文案设计"超过一亿人使用的手机应用"，强调的是用户数量。而现在的产品文案"微信，是一个生活方式"，则是以庞大的用户群为底气，以不断在移动客户端布局的微信支付、微店、生活应用为基础，开始强调微信在用户日常生活中所占据的位置。

在产品的不同阶段，及时调整对产品的理解，才能写出恰到

好处的文案。从产品到文案,应该是一个"零损耗"的过程,这种"零损耗"包括几个方面:

1. 如广告人赛西尔·霍奇所说, "广告里的用字应该像店铺的橱窗,让读者一目了然,立刻看见产品";

2. 广告应该说出产品独特的卖点（或竞争对手没有说出的卖点）;

3. 广告应该深入挖掘并传递产品精神。

因此, 要写好一则产品广告, 懂产品是第一步。

要点一: 懂产品

这个要点看起来简单, 实际上, 当你问自己以下问题时, 就会发现懂产品并不是那么轻松的事情:

1. 产品有哪些方面的应用?

2. 产品可以为市场解决哪些问题?

3. 产品的实用效能如何?

4. 产品的使用效率如何?

5. 使用这些产品的人如何评价?

6. 产品提供哪些功能和服务?

7. 消费者有哪些选择? 如何购买使用?

8. 同类产品有哪些? 分别有哪些特色?

9. 产品在细分市场上处于什么位置, 在整个大市场里处于什么位置?

    ············

这个问题列表还可以继续列下去，只要你善于挖掘，就总能找到未知的点。

在开始写产品文案之前，先仔细研究产品的种种细节，因为在文案写作这个领域，要写出具体的细节才能使文案具备销售力。

要点二：懂用户

设计产品广告时，要明确产品的用户是谁，他们的年龄、喜好、教育程度、价值观等，他们喜欢什么样的语气，他们的理解能力怎么样，爱看什么类型的读物，会对什么样的词汇敏感，甚至他们的困境、心理期待和愿景，他们崇拜什么，厌恶什么等等，都可以深入挖掘。

具体方法：

1. 正式访谈；

2. 非正式接触，观察，交流；

3. 利用互联网大数据分析；

4. 样本分析；

5. 个别案例分析。

总之，从各个角度去理解用户，要将自己代入他们的立场和思维。有人说，文案如演戏，对用户的考察也是一样，有些事一定要自己"入戏"才能知道。

要点三：描述典型使用场景

了解你的产品，找出你的用户之后，接下来就是尝试描述产品的典型使用场景。

比方说，你的产品是文艺小清新类的 App，目标用户群体是文艺女青年，那么，你的产品文案就可以描述几个她们使用产品的典型场景，如午后在咖啡馆、一个人旅行在路上等。

不要一味直白地自夸产品有多好，好比你卖一件衣服，与其千篇一律地夸赞顾客穿上很漂亮，很有气质，不如向她描述场景：周末穿上这件衣服，再搭配一条围巾，约上闺蜜，在秋天的阳光下逛个街，喝个下午茶，多美。人们会对这样的典型场景产生联想，从而对产品也产生认可。

要点四：说少一点，说好一点

撰写文案时，你的任务是"沟通"，而不是让人佩服，必须避免使用华而不实的词汇和句子。

试着遵循以下原则：

1. 用简单的词汇

并非字数越少越好，而是每一个词汇都力求无法再用更简单的词汇替换。

同时，能够用几个字说明白的事情，就不要用一句话，能够用一句话说清楚的问题，就不要用好几句话，这样才能保证产品文案的可读性。

2. 别拼文采

你的文字技巧再好，十句话里只有一句和主题有关，其他九句都是为了拼文采，那这十句话就都白写了。

3. 确保信息与信息之间不会相互妨碍

确定广告主题，可以运用"MECE 架构法"。

MECE 全称是"Mutually Exclusive，Collectively Exhaustive"，直译为"相互排他性，集合网罗性"，也可以翻译成"不重复，不遗漏"。

MECE 架构的要点在于：主题分类清楚，没有重复；同时又能完整网罗所有条目，没有遗漏。就文案而言：

"不重复"，是为了让人容易理解；

"不遗漏"，是为了更有说服力。

文案的构成应该是清爽的，不同内容划归为不同主题，所有内容都在主题之下呈现，不会到处散落。比如你要描述产品的卖点，可以这么做：

（1）将你能想到的点全部列出来，然后列出不同的主题，分类，将卖点归入不同主题，然后删掉重复的主题；

（2）设定一个"其他类"的主题，检查是否有遗漏的卖点；

（3）根据主题的重要级别，列出一级卖点、二级卖点、三级卖点，分层次呈现在文案之中。

要点五：情感化

产品广告要能和用户的审美情感、记忆、期望产生共鸣，从而使得用户怦然心动，产生情感反应。

比如，加多宝文案描述的人生加 V 时刻，一个个小故事，真实生动，能够引发不同人群的情感共鸣：

再如奇美的产品文案：

"在真正的白马王子出现之前，像王子一样好好保护她——奇美·真彩色"。

所有有女儿的父亲看到后应该都能产生共鸣吧？

美国斯坦福大学教授詹姆斯·马奇针对人们在面对选择时的做法，提出了两种基本决策模式：

模式一，衡量利弊。

模式二，基于身份认同来做决策。

大多数时候，我们都出于第一种模式，评估每个选项，然后选择价值最高、弊端最少的那个。处在这一模式中，人们会从自身利益出发，做出理性的选择。

而处在第二种模式时，人们并不从自身利益角度来分析结果，而是基于身份认同，问自己三个问题：

1. 我是谁？

2. 现在处于什么情况？

3. 像我这样的人在这种情况下该怎么做？

处在这种思维模式下，人们会倾向于满足更高层次的需求，如审美需求、自我实现需求或超越需求等。

广告情感化的目的，就是为了促使消费者抽离第一种决策模式，进入第二种决策模式：放弃衡量产品利弊的理性思维，为了满足更高层次的需求做出"感性"的决策。其基本方法是：

1. 在消费者尚不关心的事和非常关心的事之间建立联系。

比如，奇美这则广告，消费者尚不关心的事物是：产品。消费者关心的事物：女儿、亲情。在两者之间建立联系后，消费者就会对产品产生情感认知和情感联想。

2. 塑造身份认同。

你可以使用一个通用的句式来指导广告对"身份认同"的塑造，比如：

消费者吃的不是 × × 产品，而是励志的梦想；

消费者喝的不是 × × 产品，而是快乐和活力；

消费者买的不是 × × 产品，而是和家人、朋友共享的美好时光；

……

当你的广告让消费者产生这样的想法，那就成功塑造了消费者的"身份认同"，以及由此带来的情感化购买决策。

要点六：别太内行

广告要考虑目标用户的认知程度，了解目标用户的认知行为习惯与文化背景，不要写得太内行，太内行的话，信息反而失真。比如一个耳机文案写成"骨传导技术扬声器聆听享受"，除非你的目标用户是专业级的发烧友，否则这个文案一定是失败的，因为没人看得懂。

关于广告是否要运用内行的术语，可以遵循两点原则：

1. 大多数情况下，广告是写给门外汉看的，除非 95% 以上的读者都懂，否则不要写太内行的术语。如果你的客户坚持一定要用读者不熟悉的术语，那么，务必要在广告中解释这些术语的意思。

2. 除非术语比一般的语言更能精确传达你的意思，否则尽量不要使用。比如，你可以在广告中使用"二次元"或者"手机应用"这些术语，因为这是被普遍使用的语言，而且除此之外，没有其他更好的词汇能够替代，但你最好在广告中少用"骨传导技术"这样的专业词汇，因为你本来可以说得更简单易懂：通过你的"骨头"听声音。

要点七：在语法里做个"坏孩子"

不要太在意语法，试着去尝试所有你能尝试的语法结构。还记得苹果那句令无数人吐槽的"比更大还更大""岂止于大"的广告吧？虽说其中有翻译的问题，但这样无视中文语法的产品文案，无论评价好坏，至少在传播上是成功了。

如果拘泥于语法，怎么能够写出这样的广告呢：

午夜12:00
有的街洗洗睡了
有的街数钱累了
光谷步行街5
24小时营业 白天晚上都赚钱 40~100m街铺 认购在即

©8780 8888
weibo.com/bertadonly

　　好的产品广告，不是产品的华丽衣裳，而是像皮肤一样贴合它。从产品到广告，信息的表达应该尽量做到"零损耗"，这样的产品广告才是成功的。

从广告到用户：五招练就一剑封喉文字术

快餐店的冰块比马桶水还要脏！

Wi-Fi 杀精！

可乐会腐蚀你的骨头！

⋯⋯⋯⋯⋯⋯

看看这些耸人听闻的标题，你就知道谣言为什么能够疯狂传播了。

除了紧紧抓住人们的恐惧心理之外，谣言的一大共性是：结论先行。一开始就抛出斩钉截铁的结论，然后才对这一结论的来龙去脉进行论证。

受众的目光扫到信息时，停留的时间很可能只有 0.1 秒，怎样在这电光石火的刹那吸引到他的注意力？

在抓取注意力的"战场"上，没有人关心逻辑和定义，人们的眼睛和耳朵只对这些东西敏感：石破天惊的观点、振聋发聩的结论……逻辑越简单越容易传播，越耸人听闻越容易获得关注。

事实往往如此：你抛出的观点足够斩钉截铁，足够骇人听闻，哪怕你不能自圆其说，人们都会注意到它，并且记住它。

从事实到受众，文字所扮演的角色是一把锋利的剑，以最短的路径、最快的速度抵达。

这个道理用在产品和用户之间，也是一样。

如果说从产品到广告，信息应该保持"零损耗"，那么从广告到用户之间，信息的传递也应该一击即中，一剑封喉。

第一招：天下武功，唯快不破

记住，你只有 0.1 秒的时间，出招必须要快，天下武功，唯快不破。

怎么个快法？

1. 简化结构：核心＋精炼

剔除血肉，只留下骨架；剪去枝叶，只留下树干，用简洁精炼的文字传递最核心的产品精神。如：

中华血液基金会：我不认识你，但是我谢谢你。

全家便利商店：全家就是你家。

大众银行：不平凡的平凡。

苹果：Think different。

艾维斯租车：We try harder。

英特尔：inter inside。

…………

这些经典广告金句的共同点在于：它们走的都是"极简主义"路线，没有华丽的辞藻，没有巧妙的修辞，没有复杂的句式，只是简单到极致的几个词的组合。不枝不蔓、不累赘、像电报一样精简的广告，是向用户传递产品信息的最短路径。

简化广告的方法：

（1）不贪心，只选最核心的内容

别以为给出足够多的信息，就能够吸引更多的潜在消费者。什么都想说的广告，最终结果就是所有信息都被淹没了，消费者什么都没有接收到。

（2）减少一切不必要的文字

广告不等同于写文章，不要求主谓宾定状补样样不少。因此精简广告时，你可以这么做：

①删去那些与关键含义无关的文字、词语；

②删掉前后重复的词语；

③试试能不能用更短的词汇代替；

④删去不必要的修饰语。

（3）使用特定句式，让广告看起来很"短"

①尽量减少词汇，能够用名词组成的句子，就不要再使用名词之外的词；

②将长句转变为断句，相同字数的广告，有断句的广告看起来会显得更短。

2. 第一招就要出"杀招"

顶尖广告人罗伯特·布莱曾总结出不同形式广告的"第一印象"：

（1）平面广告，第一印象取决于标题和视觉设计。

（2）宣传手册，第一印象取决于封面。

（3）电台或电视广告，第一印象取决于播出的前几秒。

（4）公关新闻稿，第一印象取决于第一段文字。

无论哪种形式的广告，读者的第一印象，也就是他们看到的第一个影像、读到的第一句话，或者听到的第一个声音，很可能就是决定这则广告成功或失败的关键。

第一印象，很多时候就是"永远的印象"。

不管你写哪一类广告，都要记住：写广告不是斗地主，别把杀招留到最后，一开始就要亮出来。比如你卖一款防晒霜，要告诉人们日晒的危害，不要从原理或者原因开始说，直接说结论：日晒会让你未老先衰！

广告的标题，必须是最有爆点的一句话，直指消费者最关心的问题：

验证你写的"第一印象"广告是否合格，可从以下6点入手：

1. 具有震撼力；

2. 瞬间抓住人的注意力；

3. 有趣，足以引起观众的兴趣；

4. 点出了你的与众不同；

5. 令人难忘；

6. 简短。

第二招：不按招式出招

广告要出奇招、怪招，出其不意，才能占得先机。

什么是奇招、怪招？

打个比方，一款无线电对讲机产品，需要向消费者传达它卓越的远距离通话效果，广告应该怎么描述"远距离"这个卖点，才能让人记住？你可能认为，比起直接说数字，"从××地到××"这种形象化的描述会更好一些，没错，但更好的描述应该是戏剧化的方式。

有一则对讲机广告是这样的：两个男人站在大峡谷的两边，用对讲机通话。这个画面在很多人心中留下了深刻印象。实际上，市面上的大部分对讲机都可以在这个距离内进行通话，但是，只有这则广告表达出来了。

这就是奇招。

奇招就是独特的创意。

创意，就是由现有的资源中求得新概念、新做法、新样式的过程。有"新"的东西，才能让广告文案出其不意，占得先机。

如何求新？不妨把创意想象成一个机械结构的机器——左轮手枪。

手枪中包含枪身、准星、扳机三个重要元件，以及用来发射的子弹。这四个东西分别代表创意发想过程中四个重要的元素。

1. 枪身——创意人的脑子

想成为有创意的广告人，关键在于想象力。想象力是创意力的催化剂，它可以将你脑中存在的感化能力、专业技能和生活经验，调配成精彩的想法。想象力越丰富的人，可以生成创意的沸点越低，一点即燃。

2. 准星——创意策略

威力再大的武器也需要准星协助瞄准，寻找正确方向并锁定正确方向。事先了解创意策略，知道子弹要射向何处，是极其重要的。

3. 扳机——创意概念

扳机一旦失效，子弹将毫无用处。概念就像是扳机，协助激发点子。概念是固定的，但点子是可以变化的，多从生活中找一些与概念有关联的点子就可能出现好的创意。

4. 子弹——点子

不管想什么点子，一定要以消费者导向为原则。广告是做给消费者看的，既不是为了取悦广告奖的评审，也不是为了让别人典藏。所以创意人需要极为深刻地揣摩目标对象的心态，点子才能像子弹一样命中消费者的"软肋"，引起共鸣。

第三招："点穴"法

一剑封喉，一击即中，并不意味着一下子就无比精准地将所有信息传达给消费者——谁都不可能做到这一点。

要想在文字表达上以最小成本得到最大收益，就得善于引导和启发。不要把所有的信息一览无余地展现出来，好的表达应该是这样的：先告诉对方够用的信息，然后再一点一点增多，就像一段探险的旅途，让读者走到最后才知道答案。

这是广告的"点穴"法：你不可能同时点中读者所有的穴，

也没有这个必要，你只需要点中一个就够了，剩下的就交给读者自己去理解。

比如 UPS 的广告语："只有好消息，比我们早到"——好文案会引导你去探究它。

比如家电企业美泰克的广告词："Our repairmen are the loneliest guy in town"（我们的修理人员是城里最寂寞的人）——好文案会让你会心一笑。

第四招：善用隐喻

隐喻的力量来自一种巧妙的替代法：用简单易懂的东西替换复杂的东西。

比如，从心理学角度来讲，人的大脑是一个很复杂的概念，用专业术语解释，估计没几个人能听懂。但是，如果将人脑比喻成电脑，用电脑的工作原理来解释人脑的运作，就容易理解了。

心理学家唐纳德·舍恩认为，好的比喻具有"生成性"。"生成性"的意思是，能够生成"新认知、新解释和新发明"。

广告使用隐喻，也是为了将难以描述和理解的概念转化成易于理解的感受，从而在消费者心智中建立新的联想和认知。

比如，日产汽车的广告语："Life is a journey, enjoy the ride"（生命是一次旅行，享受这一旅程）；佳得乐饮料的广告语："生活就是一场运动，喝下它"，都是在将抽象的概念转换成具象的概念，从而在消费者脑海中留下概念与产品（如旅行与日产汽车）的关联。

第五招：声东击西

这个政治广告被称为20世纪最伟大的广告之一。

这是1978年Saatchi & Saatchi广告公司帮撒切尔夫人制作的广告。图片中是排成长队的等待领取救济金的失业者，文案是：Labour isn't working。当时，执政的是英国工党（the Labour Party）。这幅广告表面上说的是工人们都没有工作，其实是利用双关语，声东击西，巧妙暗示大众：工党的那一套是行不通的。这句广告语在民众心中植入了根深蒂固的印象，以至于它后来成了一句流行语。

巧妙使用双关语，只是文案"声东击西"的方法之一。

方法之二：顾左右而言他。

这里有一个创作公式：创作素材+品牌植入

要写出这种广告，可以运用"三点一线式思维法"：

三点即从消费者出发：

1. 痒点：让消费者"心痒"的东西；

2. 痛点：阻止消费者去"挠痒"的障碍；

3. 利益点：品牌把障碍搬走。

一线即用有噱头的素材串联三点：

95% 的篇幅放大痛点和痒点

5% 的篇幅准确命中利益点

从广告到用户，信息应该以最短路径、最快速度抵达，但这并不是说，广告应该简单粗暴地传递信息。创意是无止境的，快招、奇招、怪招、明招、暗招，有足够的招式，才能应对各种状况。

12 条顶尖大师广告之道：别浪费任何一个字

广告已经不再是广告公司的工作，随着网络社交平台上传播的即时化，越来越多的传播都开始倚重广告的力量。

广告本身是门槛很低的职业，似乎只需要会说话、会写字就能够胜任广告的工作。事实上也的确如此，看看那些街头的"神文案"，会让人感叹"高手在民间"。但是，广告也是极容易被小看的职业，同样是说话，同样是写字，为什么有的广告能带来销售力，能够改变人们的想法和行为，有的却无人问津？

关于广告的道理，其实早被大师们说得很通透了，后来者无非是对这些理论重新包装，让它看起来更新潮。让我们回到广告的源头，听听顶尖大师们的广告之道。

1. 最深的含意不是来自已经说了的，而是没说的。

阿迪达斯这句"impossible is nothing"（一切皆有可能）就是典型的例子。这句话的深刻含义，恰恰是在这句话之外，一切皆有可能，可以有无数的故事演绎。

要让广告意味深长，有时候玩个文字游戏也能做到，比如小米发布会倒计时广告：

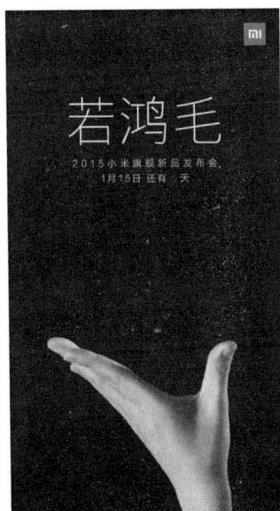

这些文案会让人在第一眼看到时，就自动填充这些四字成语缺失的部分：（薄）如蝉翼，（大）有来头，（轻）若鸿毛，不同凡（响），（双）喜临门，（快）刀斩麻，（稳）操胜券，没

有说出来的部分，才是这些海报文案真正想要表达的意思。

2. 用最简单、明白、任何人都看得懂的文字，少用形容词。

雅芳，比女人更懂女人。

欧莱雅，你值得拥有。

麦当劳，我就喜欢。

还有奥巴马在竞选总统获胜演讲中说的那句"Yes，we can"。

它们的共同点是，简单、明白、任何人都能看懂，没有形容词，但都是非常优秀的文案。

3. 打破既定模式，做出一个像银行广告的汽车广告，就能在同类产品里独树一帜。

你可以将汽车广告做得像一个银行广告，当然也可以将一个银行广告做得像一部电影。忘记那些关于广告的定理，当别人的汽车品牌都在说自己"纵横天下""势不可挡"时，你可以说"带孩子出去玩吧"，或者化身为"文艺段子手"：

4.写之前，先去看画展，听音乐会，看电影，看舞台剧。更重要的是，去看人。

广告不是冥思苦想出来的，去看看画展，或许你能写出这样的广告：

松下RF-HXDSW头戴式耳机,完美的音质,你绝对不想错过。

去看看人，和你的目标用户交谈，你才能够写出这样有洞察力的文案：

5. 伟大的文案都散发着真诚的人性的气息。

Don't Dream It. Drive It.

"告别梦想，尽情驰骋"，捷豹的文案，召唤人们对自己梦想的座驾发起行动。

It Gives You Wings.

在欧洲，"Redbull gives you wings（红牛给你翅膀）"是一句非常著名的广告词。

The World's Local Bank.

"您身边的世界银行"。汇丰银行的广告，做到了国际化和亲切感的完美融合。

这些经典的广告，都散发着真诚的人性的气息。

6. 把自己放在作品里，用你的生活赋予广告灵魂。

如果有什么打动了你，它很有可能也会打动别人，因为人性是相通的。

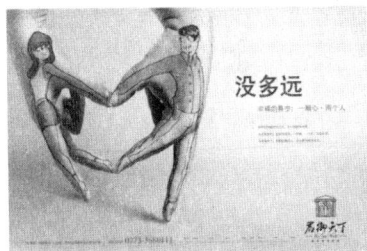

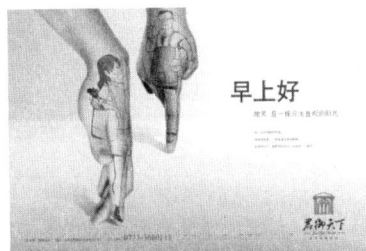

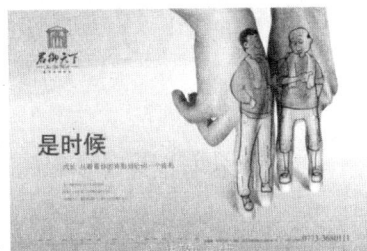

7. 坦诚的态度对灵魂有益，对广告亦然。

甲壳虫刚在美国上市时，车型太小被认为是缺点，它很坦然地承认，并且提出了 think small 的广告语，成功让"小"这一缺点变成了自己的品牌特色。

同样，哈雷摩托缺点一大堆，它也从不避讳，结果这些缺点，最后都成了粉丝们的心头好。

如果产品有缺陷（实际上，任何产品都有缺陷，因为它不可能满足所有人的需求），广告大可坦诚一点，不用遮掩避讳，这样反而能赢得好感。

8.用消费者的语气写广告。

如果你自己是一个文艺青年，却要为一个大众类的产品写广告；如果你自己是一个喜欢可爱玩具的女孩子，却要为一个男性消费品品牌写广告，这时候都必须暂时抛弃自我，代入目标消费者，用消费者的语气去写。比如，你就不能把二锅头的广告写成可爱的风格：

9.不要写出你的竞争对手也能写的广告。

关于这一点，最有趣的例子来自百事可乐，万圣节时，它发布了一张图片，百事可乐身披可口可乐的披风，准备去吓人了，广告是：祝你有一个恐怖的万圣节。结果，可口可乐来了一个漂亮的反击，图片完全没改，只换了一句文案：每个平凡人都渴望当英雄。

广告的力量超乎想象。

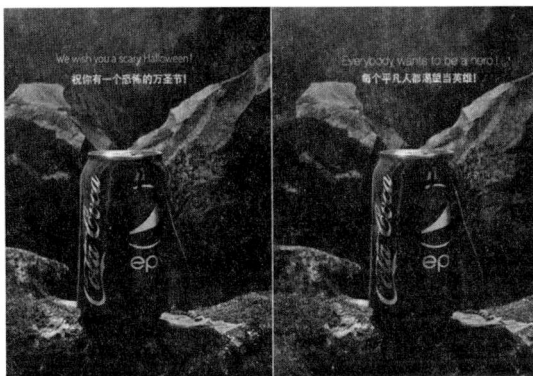

【案例】

拉勾网走心广告：
有温度，有态度

作为一家拥有 50000 多家互联网公司进驻的垂直招聘网站，

拉勾网成立不到一年，估值就高达 1.5 亿美元，堪称业界奇迹。

很多人问：凭什么？

在探究原因之前，看看它做过的几件事：

2014 年上半年，腾讯撤销电商控股公司，调整和裁撤了部门和员工，拉勾网第一个打出广告，联合包括阿里、唯品会和 1 号店等电商巨头，帮助离开的人选择更合适的去向。

2014 年下半年，微软裁撤中国区诺基亚数千名员工，拉勾网发起"每个人青春中都有一部诺基亚，请为诺基亚点赞"活动，迅速帮助离职的人入职到小米、锤子科技等公司。

很有温度的举动，从中可见拉勾网的运营之道：以求职者为核心服务对象。这和过去传统招聘行业以企业方为服务对象的运营规则背道而驰。

在这种典型的互联网思维的导向之下，拉勾网的广告也呈现出同样的特质：以用户体验为核心，有温度，有态度。

这是拉勾网在微博上发布的一次招聘广告：

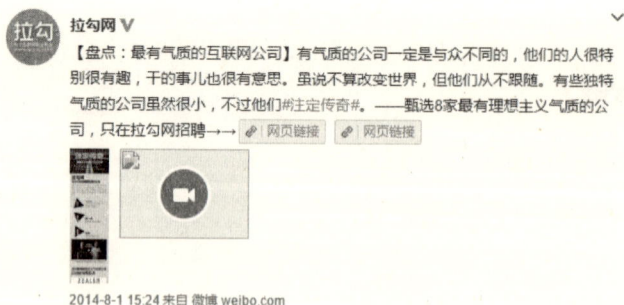

拉勾网 V

【盘点：最有气质的互联网公司】有气质的公司一定是与众不同的，他们的人很特别很有趣，干的事儿也很有意思。虽说不算改变世界，但他们从不跟随。有些独特气质的公司虽然很小，不过他们#注定传奇#。——甄选8家最有理想主义气质的公司，只在拉勾网招聘→ 🔗 网页链接 🔗 网页链接

2014-8-1 15:24 来自 微博 weibo.com

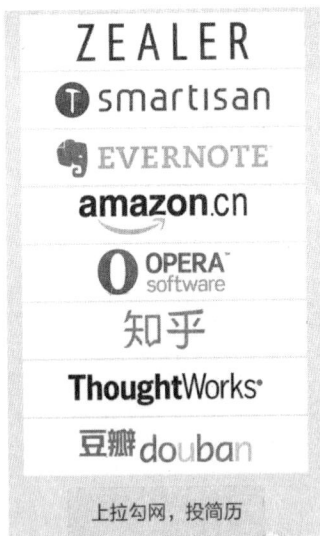

人性化的、有温度的广告，来源于对用户的深层了解和共鸣。

用 BFD 文案公式来解释就是：

B：信念（beliefs）

F：感受（feelings）

D：渴望（desires）

要了解用户的"信念""感受"和"渴望"，才能写出打动人心的广告。

其中很重要的方法之一是：转换立场。

告诉用户他能够得到什么，而不是你有什么。别说"我们能提供"，要说"你能拥有"，人总是更关心自己的，站在用户的立场，才更容易得到认可。如这则文案，表面是在介绍互联网公司 ZEALER 和其主要创始人，实则重点全都集中在他们的"工作"履历上，通过这些人的"传奇""励志"经历，给予用户（求职者）以信心和鼓励。

这是 2014 年 6 月 1 日拉勾网的一条微博，标题为"拉勾网儿童节特别专题"，节选其中一段文案：

跳槽是件特别严肃的事儿!

钱多不多只能放在第二位来考虑。

工作开不开心,氛围好不好,同事无不无聊,有没有钩心斗角才是重中之重的问题。

这几件事儿直接决定了你的工作效率和生活质量。要是稍不注意,很容易就从一个火坑跳到另一个火坑。

拉勾君趁着儿童节精心挑选几家不错的公司,赶制儿童节专题——

选对公司,每天都是儿童节。

拉勾君只能帮水深火热的你到这儿了。

Good night, and good luck....

人的隶属清华大学的宴铭园,每个季度有团建费用,基本都用来吃了……

拉勾君:你们是吃货吗……

谷谷:表这么说嘛 (ˊ_ˋ)

我们很温和,不提倡狼性

搜狗的文化在互联网公司里面最温和,并不提倡所谓的狼性,福利待遇很好。如医疗报销90%,还会给员工每人5万元无息贷款等福利。

拉勾君:乖……咱们这儿不说别的公司。

谷谷:O__O"……我刚刚有说某度吗……

搜狗

受访者:搜狗最后一个帅哥 谷云峰

我们在超赞的宇宙中心

本厂地处宇宙中心五道口,旁边有号称10万元/米²的华清家园,搜狗游泳俱乐部等社团长期和周围健身房,游泳馆、健身房有合作,每周两次的免费锻炼!

很多兴趣社团

有游泳、魔术、街舞等社团,看你对什么感兴趣啦!

别说咱们是吃货嘛 (ˊ_ˋ)

一般中午大家都会一起吃饭,对面有娃哈哈醉爱餐厅,旁边有接待过国家领导

王小川的性格

老板性格比较细致,搜狗公司比较技术范儿,大家做事一板一眼。

迟到了没关系

休息的地方没有,但是搜狗是弹性工作制,每天只要工作时间够了即可,9点上班10点到了也没有人说。

对啦,咱们有儿童节!见下图↓↓

微信扫一扫→ˊ_ˋ→
来**搜狗**工作吧!
或来拉勾网搜索
搜狗相关职位

这种"不正经"的文风，一下拉近了和读者之间的距离，让人顿生亲切感和好感。难怪很多用户说：特别爱看拉勾网的招聘广告，因为很有趣，很有创意，会让人切身感受到互联网这个行业的年轻和活力。

作为最有创新活力的新兴行业，互联网公司和互联网人群的气质和风格当然不可能一成不变，所以拉勾网文案的风格也十分多变，玩得了小清新，咽得下重口味，一切以"我懂你"，"和用户一起玩嗨"为标准。

2015 年 4 月 1 日愚人节，国内外互联网公司纷纷加入"愚人"大军，如国外的 Google 宣布退出颠倒版 Google，三星发布新品 galaxy 菜刀，国内小米宣布发布新品"小米振动棒"，锤子手机发布"丑颜相机"，等等，拉勾网则联合9家互联网公司，发布了一期特别的招聘广告专题：

首席降温官、首席吸霾官、键盘痴汉，光听名字就"恶搞"气息十足。以下节选几条招聘细则：

　　广告做得很用心，看似恶搞，实际每一则文案都分别对应这家公司的产品或核心业务，而且每一则都符合各自的品牌形象。很多人明明知道这是愚人节恶作剧，但还是乐呵呵地读完了这些一本正经在搞笑的招聘广告，有不少人还真的投了简历。

一则广告之所以能够吸引用户，促使用户行动，凭借的是用户的认可。用户在选择你的时候，他选择的基准是：你的描述 + 他的想象。

所以写广告的要点在于：要提前代入用户的想象。也就是说，得知道用户要什么，要在这些关键点上触动他：

1. 情感共鸣

2. 利益感知

3. 心理安慰

用户要的不是产品本身，而是产品能够带给他的好处，这种好处既包括实际的好处，即利益；也包括精神上的"好处"，即满足用户的情感和心理需求。

对于从零开始做营销的拉勾网而言，口碑传播是其崛起的关键之一。通过社交网络、媒体获取第一拨用户，第一拨用户用了之后反映很好，然后相应地再把口碑放大，再获取用户，整个就是"用户带用户"的方式，所以让用户获得满足是其中相当重要的一环，而产品文案则是这个过程中的关键节点。

在拉勾网的网站职位招聘广告中，我们会发现一个区别于其他招聘网站的类目，即"职位诱惑"：

去哪儿去哪儿网招聘
产品总监 ★ ⚠ 💬

🔹50k-80k 🔹北京 🔹经验3-5年 🔹本科及以上 🔹全职

职位诱惑：美女多

发布时间：2015-05-20

UI设计师（移动端） ★ ⚠ 🗑

🏷9k-18k 🏷北京 🏷经验3-5年 🏷本科及以上 🏷全职

职位诱惑：美国纽约上市+千万女性关注的APP

发布时间：3天前发布

客户端产品经理 ★ ⚠ 🗑

🏷10k-17k 🏷北京 🏷经验1-3年 🏷本科及以上 🏷全职

职位诱惑：热爱产品和创新的团队；老板nice。

发布时间：2天前发布

在这个类目下面，写什么的都有，大多是很有趣的文字，能够从中看出招聘公司的气质和文化，这使得"职位诱惑"成了招聘页面的一大亮点。

首先，"诱惑"这个词很有人情味；

其次，为什么不说职位福利，职位优势，而要说"诱惑"？所谓"诱惑"，是对谁而言？当然是用户。这个类目的设置，也是"用户至上"理念的一个表现。

再来看另一个专题招聘页面：

先给出跳槽建议，从很具体的"坏工作的 10 大表现"说起，让用户自觉对号入座。然后给出攻略：

非常明确地指出用户需求：期权、靠谱 CEO、好行业，然后对招聘公司进行细致的分类，方便用户按图索骥。

就产品文案而言，很出色。简单、清晰、明了、便捷，一以贯之的互联网风格，极致的使用体验，目标用户的认同感，好口碑，正是由此而来。

从口碑开始积累用户的拉勾网，直到 2015 年的二三月，才开始做线下广告。在投放时间上，盯准了跳槽高峰期；投放地点，则精心选择了互联网人群集中地，如海淀黄庄、中关村、知春路等地铁站内。广告文案做得很有意思：

第一句是：互联网公司找人，互联网人换工作……就上拉勾网，精准对接目标用户。

第二句则是相当"有态度"的三个字：不解释。

实际上拉勾网这次线下投放，为的是配合线上"全民跳槽月"，"十万 offer 独家放出"的招聘活动，所以，在线下投放广告的同时，线上也没闲着：

拉勾
"大多数人不都这么活着吗？"
好好熬下去
娶妻生子，买房买车也不是不可能
但，一辈子就该这么熬着吗？
还有3天
40000家顶级互联网公司
年度最佳职位 | 拉勾网独家放出
十万个offer
全民跳槽月
年度抉择 梦想不灭

拉勾
换一种生活，未必要换一份工作
但换一份工作，十有八九会让你换一种生活
换工作你可以靠拉勾
但换一种生活只能指望你自己
还有2天
40000家顶级互联网公司
年度最佳职位 | 拉勾网独家放出
十万个offer
全民跳槽月
年度抉择 梦想不灭

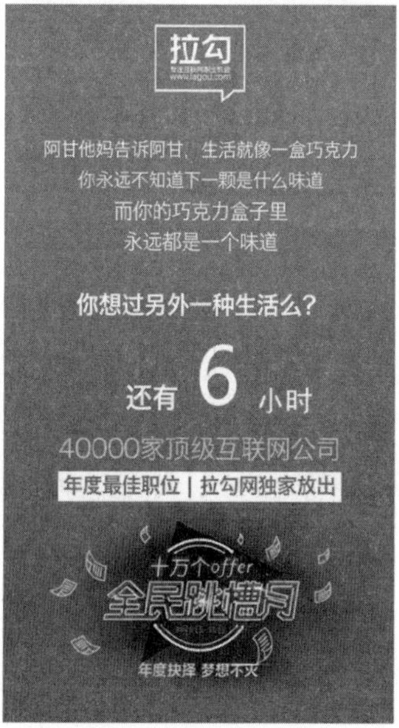
拉勾
阿甘他妈告诉阿甘，生活就像一盒巧克力
你永远不知道下一颗是什么味道
而你的巧克力盒子里
永远都是一个味道
你想过另外一种生活么？
还有 6 小时
40000家顶级互联网公司
年度最佳职位 | 拉勾网独家放出
十万个offer
全民跳槽月
年度抉择 梦想不灭

线下广告一句高冷利落的"不解释"，线上却来了一场走心的"励志"盛宴：你打算就这么熬下去吗？你不想换一种生活吗？

　　在这个"全民创业"的年代，尤其是在处于时代前沿的互联网行业中，不甘于现状是一种最普遍的时代心理。拉勾网的文案，虽然各种风格轮番上阵，但有一点是不变的：切中用户心理，而且每一则文案都带着强烈的"互联网"气质：有情怀，有温度，有创意，有活力，有态度，代表着最新鲜、最年轻，走在时代最前端的一种精神，从产品、用户，到品牌和文案定位，都是一致的。所以结果是，用户很买账。

第四章

情景化，联想和期待让人痛快

"情境描绘法"：把产品放到使用情境里

美国营销专家劳特朋教授在 1990 年提出著名的现代营销"4C 理论"：

1.Consumer（顾客）：研究消费者的需要与欲求；

2.Cost（成本）：了解消费者付出的成本；

3.Convenience（便利性）：思考如何给消费者方便；

4.Communication（沟通）：与消费者沟通。

以顾客需求为导向的 4C 理论，在当时成为企业营销活动的理论指导，包括微软在内的许多企业都成为这一理论的受益者。

但是到了互联网时代，尤其是移动互联网兴起后，这个理论已经不足以覆盖新兴的市场环境和营销策略，因此，移动互联网专家唐兴通提出了"新 4C 法则"：

1.Context（场景）；

2.Community（社群）；

3.Content（内容）；

4.Connection（连接）。

"新 4C 理论"的含义是：在适合的场景（Context）下，针对特定的社群（Community），通过有传播力的内容（Content）

或话题，通过社群网络中人与人的连接（Connection）的裂变实现快速扩散与传播，从而获得有效的传播及价值。

这四个 C 分别代表四个方向，即互联网及新媒体接下来发展的四个趋势：

1. 进入一个场景感知的时代。从入口之争转化为场景之争，随着移动互联网、大数据、物联网，以及可穿戴设备等新的技术的出现，在互联网时代、智能时代不仅仅是预制场景，还要有场景感知，场景里有人的需求、时间、地点、情绪等。

2. 进入一个连接的时代，例如，社交网络里面人与人的连接，人与物的连接，物与物的连接。传统的传播是广发式的，现在需要考虑社群里节点连接的问题。

3. 进入社群经济和社群时代，即经营自己的用户。

4. 进入优质内容传播时代，如今互联网上内容很爆炸，但仍缺乏优质内容。另外，内容正在从文本格式转向音频、视频、图片等形式，传媒人写文字的能力正在被颠覆。

在以"社群"和"连接"为载体的传播环境里，"场景"正在变得越来越重要。互联网刚刚兴起的时候，"场景感知"并没有受到重视，因为 PC 端的应用场景并没有太大区别。但是移动互联网兴起后，情况发生了改变。

过去，我们被固定在 PC 端；如今，我们可以随时随地用手机（或其他移动设备）访问互联网。手机应用的场景，五花八门。在这个随时随地多屏幕在线的时代，"场景""使用情境"正变得比以往更加重要。

　　举个例子，PC 端占主流的时代，广告文案很可能是这样的：看新闻上新浪，搜索用百度，买东西去淘宝，聊天开 QQ……仅仅指出产品功能，至于你在什么时候去使用这种功能，这些话语里没有涉及。这是早期互联网服务营销的特点：兜售和推广功能。但是在移动互联网时代，你的广告需要这样写：

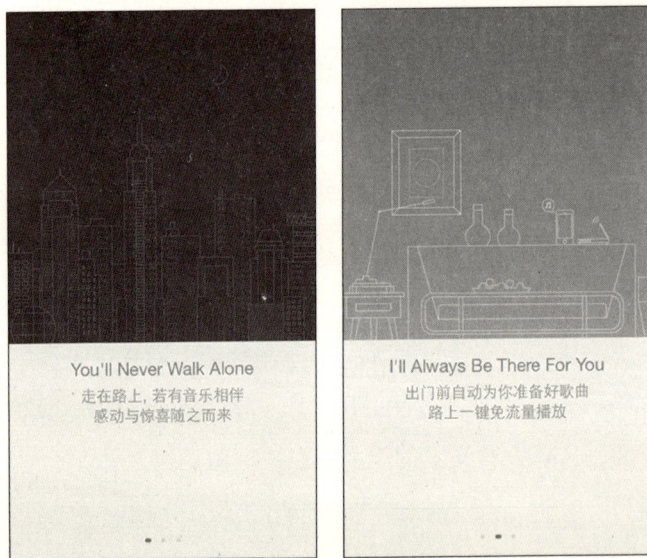

You'll Never Walk Alone
走在路上，若有音乐相伴
感动与惊喜随之而来

I'll Always Be There For You
出门前自动为你准备好歌曲
路上一键免流量播放

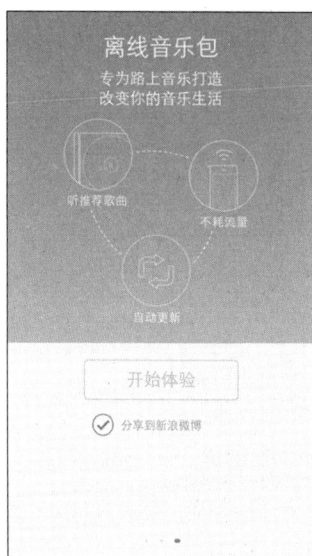

"在路上一键听音乐"，"出门前自动准备"，这都是具体的使用情境。

移动应用是非常讲情境的：在 × × 情境下，你可以用我们这种服务来完成你所需，这类推广话语，会得到很强的呼应。因为对用户来说，他的生活中、使用场景中，的确会出现文案所描述的情境。当他处于那个情境中时，就会产生对产品的联想和需求。

情境描绘法，是增强文案说服力的有效方法之一。原因有两点：

1. 共鸣效应：情境展示比功能描述更能唤起用户的共鸣。

功能和用户使用之间存在一个环节：什么时候，什么场合会用到。功能描述的文案，用户只能自己去想象时间、地点和使用场景，而情境描述直接命中，立刻就能激起共鸣。比如，同步云端存储应用 Dropbox 专门做了一个情境展示的视频来介绍自己的服务：什么情况下，你会用到 Dropbox？观看者频频被击中：没错，就是这个时刻！

2. 视觉效应：我们看到的比我们听到的更有说服力。

掌握绘声绘色为对方描绘未来图景的能力，能够有效增加你的说服力。比如，你需要说服用户使用一款新产品，与其枯燥地描述产品特色，不如这么说：未来，在××时间，××地点，用户需要做××事的时候，可以选择使用这款产品，使用场景是这样的……这种描绘，一听就懂，而且能够让听者产生视觉联想。

那么在撰写广告的过程中，如何使用"情境描绘法"呢？

首先，要有用户洞察。写广告之前，需要筛选用户人格，从中找出典型。

其次，展开与产品相关的画面想象。比如，你筛选出来的产品典型用户人格之一是经常出差的白领，那么你可以想象他生活和工作时的不同画面：在机场，上下飞机，在陌生城市的酒店，在办公室、会议室……然后找出这些画面和产品的结合点。

最后，勾勒使用情境。有了画面之后，你就可以开始勾勒使用情境了，比如，用户在出差的路上，如何使用你的产品，同时也可以总结出一些他们在使用产品过程中可能出现的想法或自白，直接用于广告。

举个例子，悠泊首都机场代客泊车服务的平面稿是这样诞生的：

1. 用户洞察，筛选典型客户人格。

上周出发的，爱滑雪的一对夫妻；

各种会议接连不断，从国贸办公室赶去坐飞机的 × 总；

一个爱败家，每年都要去几次日本、意大利的买手大美女；

带着小宝宝回家探亲的父母；

…………

2. 与产品相关的画面想象。

驴友在机场，准备出发——与产品的结合点：代泊，汽车加油（双关语）；

忙碌的商务人士在机场，"败家"的美女在机场，购物归来——与产品的结合点：接送服务；

带着小宝宝的父母，准备回家——与产品的结合点：宝宝专座服务；

…………

3. 勾勒使用情境。

以下是最终平面稿：

暂别早高峰，
去爬那些真正的高峰

U 悠泊机场代泊服务，送你向世界出发

我马不停蹄飞往下一站，
不是要去远方，而是要去未来

U 悠泊机场代泊，为您接力加油（真的可以加油）

旅行的时候买到爽，
是一种对世界经济负责的行为

U 别怕拿不动，反正有悠泊司机接送。

这是我的宝座
坐好了车才能开动呢！

U 专车再好，也没有儿童安全座椅啊。

在机场，吃一碗
没味道的牛肉面要38块

U 真巧，用悠泊停一整天也是

画面广告：广告可视化的 5 种方法

小米体重秤
100克，喝杯水都可感知的精准
高精度压力传感器 | 手机管理全家健康
99元
配送费 13元 / 公 详情见图

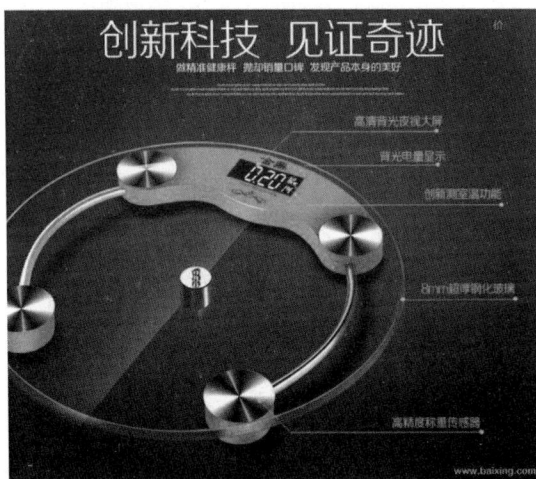

创新科技　见证奇迹
微精准健康秤 竟知销量口碑 发现产品本身的美好
高清背光涂镀大屏
背光电量显示
创新测室温功能
8mm钢化玻璃
高精度称重传感器
www.baixing.com

这两种文案，哪种让你印象更深刻？

相信大多数人都对"100 克，喝杯水都能感知"这句文案印象更深刻。因为它能够让人产生具体的联想。而"创新科技，见证奇迹"是很抽象的表达。人的大脑，对抽象化信息的反应往往不敏感，而对那些能够让人联想到具体形象的文字更容易产生记忆。

一件能够引起情境想象的事物，更能打入人们的内心深处，这种现象被社会心理学家们称之为"鲜活性效应"。

"鲜活性效应"是一种认知偏差，也是人类非理性决策的重要原因。由于认知资源有限，时间有限，人们在决策前不会像计算机一样分析所有信息，而是会根据信息在大脑中的易得性和鲜活性来做判断，越鲜活的信息会获得越多注意力。如图所示：

优秀的广告，往往具备这种"鲜活性效应"，能够激活人脑的敏感区，让人产生视觉想象，联想到具体的画面或情景。

如何实现文案的"鲜活性"和"可视化"效果呢？

方法一，同时将 IDEA 文字化和视觉化

IDEA 全称 Intelli IDEA，是 java 编程语言开发的集成环境。写广告的时候，不能只想着该怎么用文字表达产品卖点，而应该同时进行视觉思考。经由"IDEA 文字化"和"IDEA 视觉化"两种思考方式的融合运用，抽象的概念更容易形成具象的符号或图形跳出脑海。

有时，你可以让画面直接"说话"：

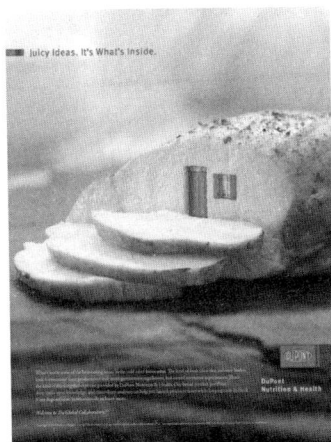

这是美国化工公司杜邦与奥美纽约以及影响工作室 Are Thanea 推出的创意广告：为食物建立一道门，让消费者一窥安全卫生的食品"内涵"。

食品安全→为美食开一扇门，这是一个典型的从抽象文字转化为图像思考的过程。其结果是：比起直接使用"食品安全性"这种抽象词汇，画面的表达更直观也更形象化，更能激发人们脑部的敏感区反应。

广告的本质是——信息意念（Message Idea），而广告的视觉化，就是使用易懂的技巧使读者注意到广告的信息和概念。

关于如何用图像求得有效的可视化表现，广告界曾经有过很多尝试。比如，广告人奥图·克莱诺（Otto Kleppner）将广告用的构图分列如下：

1. 只有产品的构图

2. 经过装饰的产品构图

3. 能够表现出使用该产品的好处和不用该产品的坏处之构图

4. 标题的戏剧化

5. 某个单一情景的戏剧化

6. 例证的戏剧化

7. 故事性广告的戏剧化

8. 细节的戏剧化

9. 比较

10. 对照

11. 漫画

12. 图案与商标

13. 图画与图表

14. 符号

15. 装饰设计、抽象设计

以上分类，可供创意时参考，但也并未涵盖全部的图像创意。

可以说，广告视觉化的好坏取决于"广告＋画面"的无限创意和想象力。当然，不能忘掉的关键点是：广告及构图必须一致，以求广告所传达的中心主题能够统一。

方法二，营造"对话感"

故事是最具"画面感"的广告，但是，还有一种更简单的打造"画面感"的方法，那就是营造"对话感"。

什么叫"对话感"？就是你写出来的广告就像在和消费者直接对话，如：

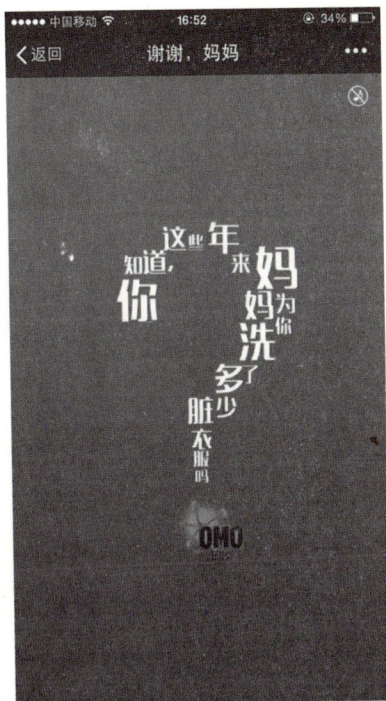

看到这句话，相信每个人脑子里都会联想到妈妈为自己洗衣服的画面。

对话有很强的针对性，能够唤起人们直接的联想反应。假如这句文案改成非对话体，比如改成"每一位妈妈都为孩子洗过很多脏衣服"，效果就差多了。

"对话体文案"该怎么写，下面提供几个具体方法：

1. 使用代名词——比如我、我们、你、他们；

2. 使用口语化的表达——没有人在和别人对话的时候说书面语；

3. 使用生活化的词汇——尽量使用那些高频次的生活场景和细节，如上下班挤公交地铁，吃饭，家务场景，办公室工作场景等等；

4. 语气自然。假如你要在语气自然和文法正确之间做选择，那么，请选择语气自然。

方法三，实例刺激

针对大脑对抽象化信息敏感度低的问题，列举实例能够有效实现文案可视化，刺激人们的占有欲和购买动机。

比如奶制品文案，"进口牛奶，品质保证"，这是抽象化信息，"实例化"之后的文案："来自欧洲牧场的天然奶源，奶牛在 10000 平方千米的大草原里日晒超过 10 个小时以上。"

黑芝麻糊文案："传承经典"，"实例化"之后的文案："小时候妈妈的味道。"

再如马丁·路德·金那句著名的话："我梦想有一天，在佐治亚的红山上，昔日奴隶的儿子将能够和昔日奴隶主的儿子坐在一起，共叙兄弟情谊。"比起"追求平等，消除种族歧视"的说法，更加感染人心。

在广告中写出精彩的实例，有三个作用：

1. 诱发"自我演示"。

实例能够诱发消费者的"自我演示"过程，即促使消费者想象自己使用产品或服务的过程，从而有效刺激他们采取下一步行动。

2. 个人体验联想。

由于实例通常与消费者的个人体验紧密联系，因此很容易产生体验式的联想。比如，当你联想"小时候妈妈的味道"时，这种联想会与你的个人经历和体验密切相关，一旦触动了个人体验，对产品的认同也就随之而来。

3. 使信息更易理解。

实例是具体可想象的，使得消费者处理信息所需的脑力劳动更少，而人们对自己理解的事物更容易投入关注和热情。

方法四，情景再现

消费者在做出任何购买决定之前，都在想同样的事情：WIIFM（What's in it for me），我会从中得到什么？

所以广告文案的基本原则是——告诉你的潜在用户，他们可以从你出售的东西里获得什么利益，你必须说服消费者相信：你出售的东西比他们付出的金钱更有价值，否则交易就不会发生。

而通过"情景再现"的手法，能够让消费者直观地理解自己能够获得的"利益"和"价值"，从而使这一说服过程变得更容易实现。

情景再现，就是将消费者能够获得的"利益"用具体的情景展现出来，如：

这是 QQ 的财付通广告。

产品卖点：消费者信用卡还款的工具。

消费者能够获得的"利益"：不用担心还款期限。

然后呢？

情景再现：每日高枕无忧（文案＋漫画）。

用户看到这一情景，更容易理解自己获得的"利益"：原来可以这么轻松。

再如，一款耳机产品，卖点：音质好。

消费者能够获得的"利益"：得到极致的听觉享受。

再现这一"利益"的具体情景，可能是：就像置身音乐会现场；就像莫扎特在你耳边演奏……当然，也可以是这样：

住在音乐里 | MUSIC LIVE 身临其境大不同

所谓"情景再现"，简单来讲，就是让消费者获得的"利益"一目了然。具体操作可以分三个步骤：

1. 明确消费者所获"利益"；

2. 进一步深挖"利益"为消费者带来的好处；

3. 为这些"好处"设置具体的情景，然后用文字或画面呈现出来。

四种写实法，给用户超强临场感

人们在评价广告文案时列举的关键词通常有：

刺激（Excitement）；

创意（Creativity）；

重视传达（Communication）；

有销售力的点子（Sales Idea）；

…………

其中，销售力是很关键的评判标准之一。我们平时总是看到各种各样令人叫绝的广告创意，但广告光有创意是不够的，广告文案的目的，说到底是为了说服人们采取行动，让人"心动"，仅仅只是一个开始。

要促使人们采取行动的最好方法就是：让消费者产生超强的"临场感"。

"临场感"，顾名思义，就是让消费者产生"身临其境"的体验，通过构建、营造出某种环境或氛围，促使消费者产生购买行动。

为什么"临场感"能够促使人行动呢？这里牵涉到几个概念：

1. 从众效应

心理学家认为，人们普遍存在一种"共识暗示着正确"（Consensus-Implies-Correctness）的"从众心理"，它使人确信：如果一个足够大的群体对某个产品持赞成态度，那么这个群体的态度肯定就是正确的。

换句话说，假如一个产品有一亿人使用，或者在某个环境内，大部分人都在购买产品，那么，人们也会倾向于使用或购买。强调用户数量、销售额的文案、现场促销、体验消费，都是在利用消费者的这一心理。

2. 内隐联想

内隐联想测验（Implicit Association Test，简称 IAT）是由格林沃尔德（A. G. Greenwald）在 1998 年首先提出的，这项测试以人的反应时长为指标，通过一种计算机化的分类任务来测量两类词（概念词与属性词）之间的自动化联系的紧密程度，继而对个体的内隐态度等内隐社会认知进行测量。

举个例子，测试提供一组概念词（昆虫的名字，如跳蚤、蜘蛛等）以及属性词（包括积极词汇，如可爱的，消极词汇，如丑陋的），让 A 组被试者选择昆虫和让人快乐的词汇，B 组被试者选择昆虫和让人不快的词汇。

结果，B 组花费的时间远远少于 A 组。原因很简单：人的大脑更容易将昆虫和令人不快的词汇（如恶心的、丑陋的）建立联系，而不是联想到可爱、快乐这种词汇。

人的大脑存储信息的方式是分类的——有些信息比其他信息更容易建立联系。利用这一特征，广告文案能够通过构建"临场感"和与之相应的联想暗示，调动消费者的行动欲望。

要制造超强的"临场感"，文案就必须从"写实"入手。下面是一些让用户产生"临场感"的文案写实技巧：

1. 提供"导火索"

心理学家做过这样一个实验：

在一个装着透明玻璃门的冰箱内放满食物，结果很多人去偷食物。

随后，实验人员给冰箱上锁，故意将钥匙放在锁旁边，结果几乎没有人去偷食物。

当偷食物这件事由"想都不用想就知道怎么做"变成了"需要想想才知道怎么做"，就会降低人们行动的欲望。

所以文案应该提供行动的"导火索"，引导人们接下来的行动，让人们想都不用想就知道应该怎么做。这需要做到两点：

在文案末尾，适时给出具体翔实的信息，呼吁消费者迅速采取行动。

记住：不是随意写一句"拨打我们的电话""访问我们的网站和公众号"，而是给出详细的指引，比如"点击文章末尾××处，进入官网查看×××"，或者"扫一扫××图标，立刻获取××信息"等。

明确告诉用户行动之后的"好处"。

不要绕圈子，"戳进去有神秘好礼相送"，在无法权衡行动成本和收益的情况下，没几个人会真的戳进去看。要将行动之后会看到什么、得到什么，直白、清晰地告诉用户。

2. 制造"体验感"

体验店可以为用户制造出临场感，以及模拟使用情境，从而激发用户产生实际购买行动。同样，如果广告文案能够制造出"体验感"，也能让读者产生超强的"临场感"，切身看到或感受到产品体验效果。

广告制造"体验感"的核心在于：打通不同感官体验之间的界限。

人类的感官体验，原本就是相通的。或者说，我们的任何经历和体验，都是感官要素的综合体：

V：Visual（视觉）——景象。

A：Auditory（听觉）——声音。

K：Kinesthetic（动觉）——感觉或情感。

O：Olfactory（嗅觉）——气味。

G：Gustatory（味觉）——味道。

任何时候我们在生活中经历任何事，都会呈现这些要素的混合体。这些要素被称为"内在表征"（internal representation），它们从内部，从我们的大脑中，呈现了我们的经历。当你回忆起前几天坐过山车的经历时，你就同时体验到了这些要素的综合体。

假设需要在广告文案中表现嗅觉体验（比如食物的香味），我们都很清楚，不可能让用户感受到真实的嗅觉体验，所以你可以通过其他感官体验来表达，比如视觉上：食物"色相"的诱人，吃食物的人深吸一口气时的满足表情；听觉上：电视广告里可以表现吃东西狼吞虎咽的声音，或者直接让人说

"好香"……无论哪种感官体验，都能够同时唤醒人们的其他体验。

制造"体验感"的第二种方法是：善用"联想"法则。

还是上面那个例子，如何让用户对食物的香味产生"临场感"和"体验感"，除了诉诸感官之外，还可以通过调动用户的联想和认知来实现。

首先，想一想，和"香味"有关的联想和认知通常都有哪些？

比如十里飘香，香味会传播得很远，比如每个人都会有一些关于香味的儿时回忆或其他回忆场景……

其次，根据这些联想和认知，展开创意。

比如怎么表现香味传播很远的感觉，你可以讲个夸张的故事，一个人（或动物、或外星人）从很远的地方被食物的香味吸引过来了；关于香味的回忆，你也可以讲故事搭建场景，如儿时，黄昏，胡同口，妈妈叫我们回家吃饭的场景，不需要直接表现，也可以勾起人们对于食物香味的联想和体验。

3. 使用"PVA"词汇

PVA，全称是 powerful visual adjectives，意思是"极富感染力的视觉形容词"。

举个例子，以下两句文案，你认为哪一句传达出更多的"临场感"：

饮用更纯净的水。

享受如水晶般剔透、如冰川般新鲜的纯净水。

读完第二句，你的脑海里一定已经浮现出这个画面了吧？

PVA 形容词能够创造出清晰、活泼、令人印象深刻的视觉形象，促使消费者在脑海里"重现"你的产品。

当然，上面这个例子，完全可以不用文案，而是通过画面来表现。但在文案写作中，尽量使用 PVA，将会为你的文案带来清晰如在眼前的情景感和画面感，从而有效提升感染力。

如清洁服务：不要说"我们的专业保洁员会让你的办公室干净如新"，而是说"我们会将你的墙壁和地板打扫得像医院一样干净，将卫生间清扫得闪闪发光并彻底消毒，将地毯清理得蓬松、洁净，并做除臭处理……"

让读者自发地在脑海里构建使用场景或者使用后得到"利益"的场景，进而用自主的行动去实现这一场景，这就是 PVA 文案带来的惊人效用。

互联网借势三部曲：重复传递品牌联想

每一次苹果发布会结束，用户和竞争对手都会对新 iPhone 进行揶揄，这几乎已经成为一项例行传统。网络上各种段子、山寨视频层出不穷，而对各大品牌而言，这个热点则是借势宣传自己的好时机。

索尼将标语修改为"Better than bigger"，暗示新推出的旗舰手机 Xperia Z3 重视细节：

魅族则将标语改为"Bigger and better"，同时在微博中贴上了 9 月刚发布的 MX4 的宣传图片：

这些借势热点的宣传文案，在社交媒体上成为新的热点，受到热议，品牌也随之提升了热度和话题度。

借助热点发声，好比站在巨人肩上，更容易吸引眼球，而这也正是借势的目的所在。

借势并不是互联网时代才开始的营销手段，比如蒙牛的成功就是靠借势。蒙牛刚成立时，它毫无名气，于是借势伊利，事事跟在伊利后面，甘愿当第二，结果成功发展为与伊利比肩的品牌。

但借势是在互联网时代，才演变为一种日常宣传手段。原因有两点：

第一，信息碎片化。

在今天这个每个人都成为"连接节点"的社交网络时代，热点也好，信息也好，爆发得快，消失得也快，人们的注意力不仅难以抓取，即使抓取到了，也都是碎片化的，你再也无法用一则经典文案流传几十年，在今天，能流传一周都已经很了不起了。所有的人都处于信息爆炸、信息过剩的环境下，你不借势发声，在用户的视线里就 OUT（出局）了。

第二，应用场景化。

这是一个"场景化"应用时代，场景感知变得越来越重要，再加上人们信息选择越来越自主，假如品牌没有牢牢占据用户的某个或某些"使用场景"，那它很快就会失去生存空间。因此，每天紧跟热点借势，就相当于将品牌相关的场景联想，一遍又一遍传达给潜在用户，一遍又一遍增强已有用户的黏性。

下面介绍互联网借势的三种方法。

1. 场景联想

品牌借势热点，除了不断在用户视线里刷存在感这一目的之外，还有很重要的一个目的：通过搭载热点情境，不断构建新的产品使用场景。

比如，北京4月份的沙尘暴期间，杜蕾斯发微博："黄天不负有情人，天很黄，要好 Air"，宣传旗下新品 Air 安全套：

这相当于是给产品构建了一个全新的使用场景：天气再差，爱情依旧。

再如，周杰伦要当爸爸的消息曝光后，迅速成为热门话题，各大品牌纷纷出击，借势文案角度各异，风格各异，有回忆温情系，有打祝福牌，还有亲昵调侃的，聚美优品则直截了当地拿产品说话：以后孩子的纸尿裤就我们承包了。

重点不在于事实，而在于用户对这一使用场景的联想：关于周杰伦儿子使用进口纸尿裤的联想。

再如最火辞职信"世界那么大，我想去看看"的品牌借势：

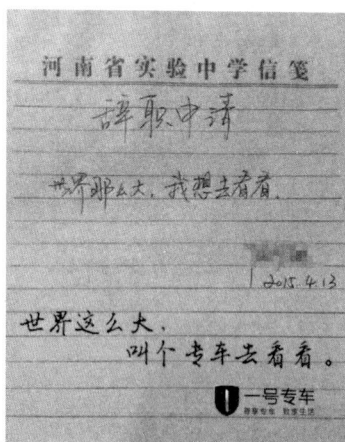

"去看看世界"这一场景，很适合专车、汽车类品牌借势，

构建场景联想。

结合上面的案例，新的热点很适合品牌搭载，不断构建新的使用场景，并且借热点之势，能让这些新的场景迅速传播，可谓一举多得。但也要注意几点因素：

（1）反应必须迅速

时效性短是热门事件的最大特点。所以，在热门事件或是话题人物出来后，品牌应迅速反应，捷足先登。

（2）不要硬拉关系

不是所有热点都适合自己的品牌宣传，也不是所有热点都适合搭建产品使用场景，不适合的热点要学会放弃，不要勉强扯上关系。比如早先的"文章出轨"事件，这一"负面"热点可能适合一些品牌调侃或恶搞，但并不适合搭载品牌场景联想。

2. 产品道具

很多时候，在借势过程中，直接构建品牌使用场景的机会并不多，因此，更多时候，品牌借势的方法是以产品作为道具。

以"周杰伦当爸爸"热点为例，各大品牌几乎都是以这种方法来借势：

哎呦，不错哦

2015/4/3

周俊&蒋瑶
开心，结果

像这样的生活，我爱你，你爱我。

　　产品作为最佳道具，在借势中出现，毫无疑问会加深用户的联想和印象。当然，这一借势传播的关键在于产品出现的方式以及广告的创意，是否踩中了热点的"点"，是否戳中了观众的"点"。

　　（1）踩中热点的"点"

　　热点之所以能够成为热点，当然是因为有爆点，有传播点，比如明星公布恋情或出轨成为热点，一方面是因为明星本身的"公众人物"属性，另一方面则是因为事件本身有某些令人玩味的细节。

　　能否精准地抓住这些爆点和传播点，巧妙地融入广告创意里，是借势传播能否成功的关键。比如上面的例子，大众甲壳虫的广告，"听爸爸的话"的文案 + 一大一小两辆车的图片，借用周杰伦的歌词，很温馨，也很应景地传达了祝福之意，卖萌的产品图片也给品牌印象加分不少。

　　（2）戳中观众的"点"

观众想看什么？有趣、好玩的创意。所以，广告传至社交网络之前，不妨先问自己一些问题：

产品的呈现方式是否有创意，是否与热点合拍？

广告是否巧妙而应景？

图片有没有亮点？

比喻、拟人、双关、谐音，用了哪种修辞手法？

是否幽默，是否感人，是否让人回味，愿意分享转发？

……………

3. 品牌发声

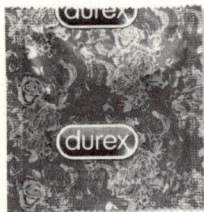

在张馨予穿花式礼服走戛纳红毯成为热点之后，杜蕾斯发出这张图片，配文案："如果我变成这样，你还会爱我吗？"

微博一出，粉丝们都乐了，甚至有人专门做了个段子回应："不管你是什么样的外表，我永远爱你的肉体。"

除了构建使用场景，以产品作为道具"曝光"之外，品牌借势还有第三种方式：品牌发声。

比如上面杜蕾斯的例子，这一次借势既不会带来产品使用场景的联想，也不会让人产生对产品本身的好感印象，这仅仅是在借热点发声，以自黑、恶搞的形式，达到娱乐粉丝、激发粉丝互动的效果。

在社交网络上，娱乐粉丝，激发互动，正是构建品牌人格和社群连接的重要方式。因此，品牌需要时刻借助热点发声，提升自己的曝光热度，获取更多和"社群"互动的机会。

品牌发声可以有多种方式。

（1）自黑

如上文的杜蕾斯，再如麦当劳借势"世界地球日"的"自黑"，和产品"麻麻黑"结合得不错：

（2）调侃

天猫品牌和 duang 这一网络热点流行语毫无关联，但这并不

妨碍它在众多网友的调侃中占据发声的一席之地。

（3）互黑

携程网瘫痪时，各家品牌都来"点赞"。

首先是老冤家"去啊"发微博：

"各位携程的用户，如果大家今天有非常紧急的出行旅行需要，可以暂时使用@阿里旅行－去啊的服务替代，等待携程恢复之后大家可以再回到携程平台。碰到突发情况总是难免的，但千万不要听信谣言，也希望大家和我们一起给携程多一点耐心和信心。加油吧！"

途风网：

景区宝：

（4）声援

李娜在澳大利亚网球公开赛上意外摔倒时，新浪微博的＃娜样顽强＃话题，有超过 1600 万人向李娜致敬，作为品牌，当然不能放过这次发声的机会。

冠军有两个
微笑是最迷人的一个

昆仑山
水的质量决定生命的质量

李娜
为更好的李娜
来年再战

这些文案都是以声援李娜为主，品牌和热点呈现出"弱关系"，品牌诉求退居二线，这其实就是单纯借助热点来进行品牌发声，由此提升品牌曝光度，塑造品牌社交形象。

互联网借势，是一个重复传递品牌联想，传播品牌能量的过程，因为每一个热点，都有特定的情境，品牌借助热点，能够不断增加品牌的"场景化"和"情境化"联想，在公众视野里不断发声，从而加深品牌识别度，获取更多"情景共鸣"。

【案例】
H5 应用：
情景 + 文案，撩拨人心

目前在微信朋友圈里传播广泛的 H5 应用，之所以深受企业和品牌青睐，很大程度上是因为它的多媒体技术和互动技术带来的华丽视觉效果，以及良好的用户互动体验。

而有些 H5，则完全靠情景和文案取胜。

比如：

这是由沃尔沃和去哪儿网联手推出的 H5，属于品牌跨界联合营销的典型案例。

动人的画面＋文案，一句"别赶路，去感受路"，就足以撩拨人们的心扉了。

再如：

由于 H5 能够同时使用音频、动态图片、文案、互动设置等技术，给人带来声色光影的综合享受，因而特别适合为用户打造出一种温暖动人的阅读氛围，在悠然舒缓的节奏中，触及人们心底最柔软之处。

Kindle 这个 H5 洞察到了那些忠于阅读的人最常有的一个场景：因为某本书里的某一句话，神思良久。文艺的画面感，再加上摘选自名著的文案，营造出一种安静沉思的气质，很符合产品调性。

阅读过这些 H5 文案的人都知道，整个阅读的过程，不仅是一种视觉、听觉、文字上的享受，而且，它会让人不自觉地进入情境之中。

H5 最大的一个特点是：文案必须与画面情景高度契合。可以说，没有这些情景，文案也就不会有这样大的感染力；同样，假如没有文案，情景、画面也就不会如此生动，让人产生深刻的"沉浸感"。

第五章

可感知：产品在文字中找到附着力

理性时代，广告不要太"多情"

广告是词语的生涯。现代广告教皇大卫·奥格威如是说。

无论是通过何种媒介传播，无论用何种形式传达产品信息，广告始终都与文字、词语、句子密不可分，即使如万宝路香烟那样，不立文字，只靠一个个画面来传达品牌精神，其背后蕴含的、植入消费者脑海之中的也是一个个词语：粗犷、男子气概、西部牛仔……

人们必须通过语言和文字来理解事物，这意味着广告也必须通过语言来传递信息和情感。关于如何使用语言，广告人总结出很多方法，其中最有意思的一个方法当属 KISS 公式：keep it simple, stupid。意思是，广告语言要做到连白痴都能看懂。

过去很多优秀广告的确都遵循着这个公式的基本原理。直到现在，到了互联网和移动互联网主导媒介的时代，"KISS"公式仍然有着很实际的意义。

很多人习惯写这样的文案："献给正在创造历史的时代领袖""极致的精密，对您而言意味着尊贵、华美与恒久"……

这样的文案看一条，或许没问题，但假如许多品牌都这样说，品牌辨识度就会变得很低。尤其在互联网时代，人们正在变得越来越理性，单纯的煽情已经越来越不适用于这个时代。

品牌诉诸情感，在消费者脑海中牢牢占据"情感定位"当然没问题，问题在于，情感的位置是有限的，而且，诉诸情感的文案很容易流于形式，不接地气，导致消费者产生审美疲劳和情感疲劳。理由很简单，产品太多，品牌太多，当10种品牌都自我标榜尊贵，并试图传达这种尊贵，消费者该相信哪一个？

因此，在盲目追求广告文案语言的精致、华美和煽情度之前，应该更多地纳入广告的理性诉求：

1. 传达产品特征，以客观信息为主；

2. 减少情感因素；

3. 促使消费者对广告信息产生认知。

注重理性诉求并不意味着放弃情感诉求，而是根据产品特性和目标消费者群体的不同，有所偏重。通常情况下，两者是并存的。

比如，豪华轿车品牌凯迪拉克2013年的广告文案是这样的：

请知名的好莱坞演员代言，以一句"走在未来之前"为产品增加气势，输出品牌内涵，这属于情感诉求的范畴。

走在未来之前
凯迪拉克全新豪华轿车XTS创新问世

而在 2013 年春节期间上线的凯迪拉克 XTS 视频广告中，广告着力突出的是凯迪拉克"艺术与科技"的设计理念。

系统、设计理念、操控感，这都是相当客观的信息，被赋予理性的描述，这说明整个广告更想传达给消费者的是一种极致的汽车驾驶体验，而这种体验来自这个品牌在汽车系统、设计和操控细节上的用心。

来看凯迪拉克官网的一些产品文案：

细节上的用心和优势，是广告真正要传达的理性诉求：同样是豪华轿车，我们是更好的，而我们的优势，就在于这些配置上、设计上、系统上的细微差距，现在我们将它们呈现出来，供消费者仔细比较之后再做选择。

在买车这种购买行为上，消费者的"比较"是必然的，所以广告理性地传达出这一点：我们不仅不怕比较，而且欢迎消费者们来比较我们和其他品牌的异同。比起一味吹捧自己，建构"高大上"

的品牌形象，这样的理性诉求显然更诚恳，也更入心。

　　不仅针对产品提出细微到毫厘的数据和信息，凯迪拉克针对汽车贷款消费，也提出了一系列金融数据：

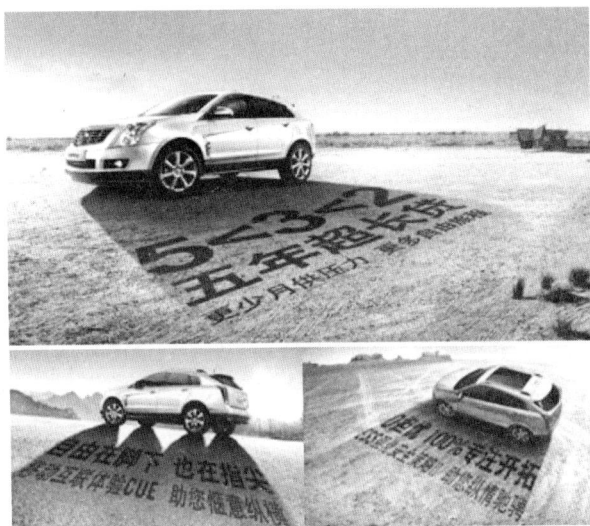

　　在这一系列广告中，我们会发现，比起那句"走在未来之前"的文案，凯迪拉克更用心传达的是精准的数据，包括产品细节和消费方案。而在一百年前的 1915 年，凯迪拉克的经典文案则是这样的：

出人头地的代价

在人类活动的每一个领域，

得到第一的人必须长期生活在世人公正无私的裁判之中。

无论是一个人还是一种产品，

当它被授予了先进称号之后，

赶超和妒忌便会接踵而至。

在艺术界、文学界、音乐界和工业界，

酬劳和惩罚总是相同的。

酬劳就是得到公认，

而惩罚则是遭到反对和疯狂的诋毁。

这一切都没有什么新鲜，

如同世界和人类的感情——

嫉妒、恐惧、贪婪、野心以及赶超的欲望一样，

历来就是如此，一切都徒劳无益。

如果杰出人物确实有其先进之处，

他终究是一个杰出者。

杰出的诗人，著名的画家，优秀工作者，

每个人都会遭到攻击，

但每个人最终也会拥有荣誉。

不论反对的叫喊如何喧嚣，

美好的或伟大的，

总会流传于世，

该存在的总是存在。

　　这则经典文案，用冷静、优美而又充满情感的笔调诠释了凯迪拉克"敢为天下先"的品牌内涵，即使放到一百年后的今天，和那

些最出色的文案作品相比，也毫不逊色。但它的确更适用于一百年前的世界。

在当下这个人与人之间的信息分享交流变得越来越便捷的时代，"去中心化"早已成为人们思维的共识，这意味着很少有人会轻易相信一个被制造出来的品牌神话和品牌精神，除非，你的"神话"和"精神"师出有名，背后有数据和实例支撑。

"改写你的肌肤命运"，是SK-II核心的广告语，为了诠释这一点，SK-II每年都会邀请当红女明星代言其产品，但在一个明星代言早已成为常态的世界里，仅仅诉诸感性诉求是不够的。所以我们看到了这样的文案：

SK-II

百万亚洲女性实证
肌肤命运奇迹改写

SK-II带我逆转肌龄，
镜头前的我更加自信！

"百万亚洲女性实证""27岁""使用 SK–II 5 年""逆龄 6 岁"，用数据来实证，显然使得"改变肌肤命运"这一品牌内涵得到了更好的诠释。而 SK–II 最为人熟知的则是下面这则广告文案：

SK-II的*NO.1*精华液

提升*5*大美肌维度

超越基因与DNA，
证实能同步提升五大美肌维度，
28 Days 达到晶莹剔透肌肤

细滑度
Texture Refinement

光泽度　　　　　　　　　紧致度
Radiance Enhancement　　Firmness Power

SK-II

白皙度　　　　　抗敏度
Spot Control　　Wrinkle Resilience

不仅强调"5 大维度""28 天",而且详细列出了这 5 大维度的图表。比起一句空洞的"改写肌肤命运",专业的数据和图表,当然更能提升消费者的信任度。

总体而言,理性手法在文案中运用的基本思路如下:

1. 明确传递信息;

2. 以信息本身和具有逻辑性的说服加强诉求对象的认知;

3. 引导诉求对象进行分析判断;

4. 文案的力量来自具体的信息、明晰的条理、精确的数据、严密的说理。

不过,需要注意的是:并非所有产品都适用于理性诉求和数据化呈现的方式。这里涉及一个概念:FCB 坐标系。

FCB 坐标是一种根据产品特性来划分产品种类的方式,按照消费者参与程度的高低,将产品分为高涉入(高参与度)和低涉入(低参与度)产品,同时按照消费者购买时是遵循"考虑为主"还是"感觉为主",把产品分为"情感型"和"思考型"。

如"高涉入"这个坐标,通常以保险、药品、经济型轿车、房屋等产品种类为代表。对此类产品,消费者在购买决策时具有较高的风险与不确定性,他们处理广告信息的动机和能力都较高,一般会主动搜集材料,历经分析和归纳,最终形成对产品的理性认识。因此这类产品的广告内容需要剖析产品特点,提供令人信服的利益解释,同时还需要满足消费者对产品信息需求量大、信息渠道需求多样的特点,整合多个传播渠道,为最终获得消费者的选择而提供合力。

而在"低涉入"坐标里，以洗发水、牙膏、纸巾等产品种类为代表的产品，属于介入程度低的日用产品。在购买这类产品时，消费者负担的风险很低，多为求便利的习惯性购买。所以这类产品的广告就无须提供过多数据信息。

当然，这样的划分并非绝对。房屋产品广告也可以依靠诉诸情感、打透消费者心理而取胜：

牙膏广告也可以请专家，摆数据，细化产品信息：

根据 FCB 坐标，产品分为"情感型"和"思考型"，因此消费者购买产品时也有两个模式：考虑为主，即高认知模式；感觉为主，即低认知模式。

大部分时候，消费者处于"低认知模式"，不会对产品花太多心思了解，也很难产生忠诚度。但理性手法的运用可以将消费者带入"高认知模式"。这样做的好处在于：争取更多时间，让消费者全方位了解产品，从而增加产生购买行为的概率。

所以在互联网时代，手机的文案会这样写：

一块钢板的艺术之旅

在193道工序的规划、设计、精密加工与生产过程中，它逐渐焕发出生机。融合工程与艺术，追求极致的精密与品质，赋予一块309克的钢板以生命。历经32小时的加工雕琢，最终凝结成您手中的19克。

进一步了解边框工艺

手机	CPU	内存	电池	屏幕	摄像头(像素)	定价(RMB)
小米手机	双核 1.5GHz	1GB	1930mAh	4.0时 854X480	800万	？
HTC Sensation	双核 1.2GHz	768MB	1520mAh	4.3时 960×540	800万	3575（水货）
三星 Galaxy S2	双核 1.2GHz	1GB	1650mAh	4.3时 800×480	800万	4999
MOTO Atrix ME860	双核 1.0GHz	1GB	1930mAh	4.0时 960×540	500万	4298

在"品牌式"消费理念已经过时的当下，消费者正在改变，逐渐成为社会消费主体的90后已经不相信原有的品牌权威了，在新的商业时代里，他们有着自己的消费逻辑。他们选购产品的动机有可能是出于情感认同、情境认同、价值认同、体验认同、理性认同，但已经不太可能出于对"品牌"的盲目崇拜。

因此，转变此前品牌固有的沟通方式（超脱日常生活，煽情化、符号化呈现生活方式），更着眼于产品自身属性，让消费者对产品产生精确的了解，这是互联网文案的一大趋势。

具体，才能让人记住

广告文案，与文字、语言密不可分，但这里有一个悖论：广告的目的是卖产品，重点在于让人记住，以实现传播效应和说服效应，可是语言的本质却是抽象的，而抽象化会让观点不易被理解，也不易被记住。

美国杜克大学认知心理学家戴维·鲁宾曾借用一组练习来阐明记忆的本质，试着根据下面这些句子回想，每个句子花5—10秒时间：

想起澳大利亚的首都；

想起歌曲《嘿，朱迪》（Hey，Jude）或者其他你熟知的歌的第一句歌词；

想起油画《蒙娜丽莎》的画面；

想起小时候住得最久的那幢房子；

想起"真理"的定义；

想起"西瓜"的定义；

…………

以上这些记忆指令，每一句都会触发不同的大脑活动。想起澳大利亚的首都是一种抽象的记忆，除非你就住在堪培拉；想起歌曲时则是一连串具体的记忆，你可能会想起歌手的模样，想起歌声和伴奏，甚至有可能想起你曾经去过的演唱会的热烈氛围；想起《蒙娜丽莎》，脑海里一定浮现出那一抹神秘微笑的画面；而想起你儿时的家，会唤起一系列的记忆：气味、声音、情景，和父母相处的亲密感和快乐……

那么，"真理"呢？大多数人都知道"真理"是什么，但恐怕只有极少数人（比如专家学者）才能够用语言表述出来。而关于"西瓜"，你会想起绿色瓜皮、红色瓜瓤，想起夏天的味道、午后的暑气、夏夜的凉风、满身汗水、清甜味道，甚至还会想起曾经和你一起吃西瓜的人……

很明显，能够在人们脑海里更长久、更清晰保存的记忆，往往是能够用感官认知的具体的事物。

因此，使用广告语言的重点在于：将抽象化的语言变成具象化的细节。

具体，才能让人记住。

所谓具体，就是指能够凭借感官去认知的某样东西，比如，"高性能"这一说法是抽象的，"V8 发动机"才是具体的；"世界顶级客服"是抽象的说法，"××帮客人熨衬衫"才是具体的。相比而言，后者当然更容易让人感知并记住。

抽象化的语言不是不能用，但一定要和具体的描述和细节相结合，这样才能够将抽象的产品属性沉淀到消费者脑海里。具体的描述应该尽量贴近日常生活和人们普遍的认知，这样才能够唤起人们相应的记忆，从而让文字和读者达成真正的沟通。

具体化的意义还在于限定。

限定消费者的思维，好比用放大镜将太阳光聚焦于一点，能够让消费者集中理解，加深记忆。大而无当，没有实指的说法往往让人很难集中注意力，也很难有方向有目的地去思考。

比如现在让你拿起纸笔，写下过去你身边的人所做的事，你可能完全摸不着头脑，不知道要写些什么。改一改题目，写下过去你身边的人所做的坏事，怎么样？是不是想起几件不好的事了？再改一改，写下过去一年你的孩子所做的坏事。你的记忆是不是立刻就开始追索过去一年在你孩子身上发生的事情，而不是像之前那样毫无目的地胡思乱想？

同样的道理，当你的广告文案说"×××，真方便""×××，真厉害""×××，新时代的精神"时，你的受众看了会怎么想？他们很可能什么都不会想，或者只会想到一点：你在说什么？

从广告的角度而言，这些话等于废话，根本没有把产品利益点说透，产品当然要方便，不方便难道还找麻烦？从消费者角度来讲，这些广告语也没有击中他们的需求和购买欲望，"方便""厉害"之类的话太空泛，说了等于没说。

打个比方，你的产品是洗碗剂，能够把碗洗得很干净，这是废话，任何洗碗剂的卖点都是"干净"，没有最干净，只有更干净。如果你的广告文案只是告诉消费者这一点，那肯定不会有人记住你。在这里，重点不是传达"干净"这个泛泛的概念，而是应该传达出干净的具体表现、具体情境，以及为消费者带来的益处。

比如，你可以说，你的洗碗剂洗得更干净，但是它不伤手（这里隐含的意思是，别的洗碗剂都是伤手的）；你也可以说，你的洗碗剂是浓缩的（1滴等于别家的3滴）更节省；或者说它更容易冲洗，无残留（隐含的意思是洗碗剂的化学成分容易残留，对健康造成危害）；要么，换个角度，突出它的家庭温馨感，"家有×××"，"关爱家人健康"；要么，再换个角度，"×××牌洗碗剂，让你的邻居没话说"……总之，要具备具体可触摸的细节，才能够在消费者脑海中留下印象。

德国夹心巧克力糖梦丝丽的销售一度停滞不前，后来他们把广告语改为"用我们的巧克力糖招待客人，定会赢得客人的芳心"，7年中销售增长了83%。这句话并没有现实的依据，但胜在"招待客人"这个具体细节，它限定了消费者的使用情境，将自己的这一定位牢牢扎根于消费者脑海，因而获得了巨大成功。

当产品高度同质化时，如何寻找独特卖点，如何让抽象化的产品定位搭载具体细节，进入消费者心智？这里有一个小技巧：寻找"黄金标准"。

所谓的"黄金标准",是指隐藏在消费者心里的理想需求。它是事实上的产品永远也达不到的标准,但是,谁占据了它,谁就能够占据消费者内心的一个关键位置。

例如,华伦西那浓缩橙汁的广告语说"要么喝鲜榨橙汁,要么喝华伦西那",这里的鲜榨果汁就是一种消费者心目中的"黄金标准",是现实生活中真实存在的,可感知的具体事物。这句文案并没有说华伦西那就是鲜榨果汁,但相当于将自己拔高到和鲜榨果汁平起平坐的地位,消费者很容易将华伦西那和鲜榨果汁储存在同一个记忆的盒子里。

美国有一种婴儿速溶奶粉杰贝,广告语说它的奶粉"酷似母乳"。不多的几个月,就使销量增加了50%,这也是因为它占据了消费者心目中的"黄金标准",母乳能够唤起的具体记忆,也将同时成为这种婴儿奶粉在人们心目中留下的印象。

有一个风雨衣品牌格雷特斯,广告语是"就像我们的皮肤一样,无可比拟"。短短三年,销量增长了3倍。还有什么形容词能比得上"像我们的皮肤一样"呢?

有没有发现,这些好的文案都没有使用形容词?"他喜欢天空,我喜欢大海。"日本某县的旅游广告语。没有形容词,"天空"和"大海",是非常具体的名词,对这些名词的印象和想象,足以让人产生旅行的冲动。

当你想描述产品特色和优势时,也请参照这个方法:尽量不用形容词。美好、优雅、自信、美味,形容词会让你掉进语言的窠臼,而且很难让读者产生视觉化的印象、具体的记忆。

广告，就好比你想要把观点传达给整个广场的人，而你又不确定他们各自的知识水平和理解能力，那么用具体的语言描述与产品相关的、生活中常见的具体细节，才是最可靠的方法。

人性化，可感知：让广告更可信的三大定律

广告通常允许适度的夸张，所以我们会看到各种各样标榜自己产品"顶尖""最好""无可取代"的文案。商家为了卖产品，当然会说自己的产品好，而消费者考虑的是：我应该相信谁？谁说的夸张度小一些，更靠谱一些？

在一个商品和广告都很过度的社会里，消费者早已炼就火眼金睛，被锻炼成怀疑论者：广告不可信，已成为共识。因此，对于广告而言，可信度是一项永恒的挑战。

那么，广告文案该说些什么，该怎么说，才能提高广告的可信度，得到目标受众的信赖？

1. 从权威向反权威迁移

借助权威，是提升广告可信度最常用的手法之一。

第一类权威是专家和机构。来自各个领域的权威专家在广告中现身说法，或者是产品得到权威机构的认可，有利于提升可信度。

第二类权威则是名人或各个领域的红人。当人们喜欢或崇拜某

个名人时，这意味着他们也想要活得像自己的偶像一样，偶像喜欢的产品，偶像推荐的店，当然更容易赢得他们的信任。

但是，经年累月淹没在浩瀚无边的信息海洋之中的现代人，尤其是在"反权威，反传统，反精英"的互联网环境中成长起来的人们，真的那么容易信任权威吗？

答案是否定的。

在传统的品牌营销手段里，代言人象征着权威和正统。但在趣味多元化和消费多元化的现实之下，虽然代言人所代表的权威审美仍然占领了话语权，但新的消费群体已经开始背离这一切，他们不但热衷于戏谑与解构权威品牌，还有能力形成群体性的购买力、消费力来叫板权威。例如被骂得很惨的《小时代》的高票房，就很能说明问题。

消费社会正在走向多元化，新的消费群体对公共权威和传统广告戒备心加重，消费品牌本身的人格化才能真正吸引他们。请小S代言不如成为另一个小S（如碧浪微博就将自己打造成了一个爱美、爱八卦、辣言辣语的少妇），请"花花公子"代言不如让自己成为花花公子（比如杜蕾斯微博将自己定位成一个有一点绅士、有一点坏，很懂生活又很会玩的夜店里的翩翩公子）。

当消费者与品牌能够在社交网络服务（SNS）平台上进行无缝连接时，权威就已经开始变得无意义。权威专家或机构反复渲染能够给你的肌肤带来好处的护肤品广告，比不上社交平台上的朋友随手一条转发，随口一句推荐；明星代言的品牌，销量很可能比不过在社交平台上和消费者平等真诚交流的品牌。

当"权威"的可信度失落时,"反权威"就成为最好的武器。比起商业广告和权威人士,人们会更信任家人和友人的推荐,更信任真诚袒露自己、"不端着"的品牌,换句话说,取得信任的关键点在于:谁更诚实、诚恳,谁的目的性更弱,谁和消费者的距离更近。

2. "西纳特拉测试":由不得你不信

美国 20 世纪著名流行歌手弗兰克·西纳特拉在经典名曲《纽约,纽约》中这样唱道:"如果我在这儿能成功,到哪儿都能成功。"

这句歌词就是"西纳特拉测试"的定义:如果某个例子足以在特定领域建立可信度,那就说明这个例子通过了"西纳特拉测试"。打个比方,如果你拿到了美国联邦政府的安保条约,那就意味着你可以拿到任何安保条约。

广告可以充分运用这一测试原理,在目标消费者心目中建立起"由不得你不信"的强烈信任度。

通常情况下,一家快递公司取得消费者信任的方式是在广告中强调自己优质的物流服务。传达优质的手法多种多样,比如你可以说"准时送达率高达 98.99%"(数据和数据本身的精确度有利于建立信任感),或者你可以展示来自多家客户的推荐书(这是现实案例带来的信任度),但更具黏性的信任度则来自"西纳特拉测试"的神奇效应:如果你在这儿是成功的,那么,人们就会相信你,相信你在哪儿都是成功的。

印度顺风物流(Safexpress)以安全、准时送达的服务为核心竞争力,在跨国企业中占据主流市场,却无法在不习惯支付过高快递费用的印度企业中占据一席之地。为了占领本地市场，顺风物流没有使用真实的统计数据，也没有使用客户的案例和推荐书来增加知名度和信任度，而是向目标用户讲了这样一个故事：

顺风物流负责过《哈利·波特》第五部在印度的发行配送工作。在全国境内，所有书店的每一本《哈利·波特》都是由顺风物流运送到店里的。那是一项超高难度的物流任务：所有的书必须在发行日当天早上 8 点同时送达全国的所有书店。不能太早，否则书会提前开卖，内容也会提前曝光；当然也不能太晚，否则会给书店造成巨大损失。这样一项高难度任务，顺风物流完美地、毫无纰漏地完成了。

还有什么比这个案例更有说服力呢？

太厉害了——这是大多数人听到这个故事之后的感想。

事实上，这项任务对顺风物流来说并不算什么，它们同时还负责运送印度所有全国性高中和大学入学考试的考卷。也就是说，安全、准时的物流服务，对顺风物流而言只是日常性的运营工作罢了，这也是它们收费比其他竞争对手昂贵的理由。

但是，比起数据、客户满意度，以及其他案例，这个关于《哈利·波特》的故事更可信，原因何在？

首先，它讲述的物流条件足够苛刻（至少是听起来足够苛刻）：全国所有书店同时送达，不能太早，也不能太晚，早上 8 点。这个精准的细节，足以在消费者心目中建立信任度。

其次，这个故事搭载了《哈利·波特》这一载体，足以勾起人们的好奇心，足以让人记住以及信任。难道会有人这么愚蠢，利用全球知名的作品撒谎？当然不会。

最后，这个故事存在一个有趣的反差，而反差往往令人印象深刻，同时也更容易让人信任。人人都知道《哈利·波特》，但并非人人都知道《哈利·波特》的发行运送工作如此复杂——没有人会怀疑这个故事的真假，每个人都会笑着恍然大悟：原来是这样！太有趣了！

真实的数据和案例，能够带来信任度，但一个令人意外的、充满生动细节的关于"成功"的故事，效果会更好。

如果你想在广告中运用"西纳特拉测试"手法，选择成功的范本和样例时，最好满足一些特定的苛刻条件，同时，故事一定要足够具体和独特（比如来自美国联邦政府的安保合同，对安全度的要求当属最高级别，足够苛刻，同时这个案例也足够具体和独特，让人印象深刻，产生信任）。

3. 人性尺度原理：人性化的语境更可信

畅销书《高效能人士的七个习惯》的作者史蒂芬·柯维在他的《高效能人士的第八个习惯》一书中，谈到一项针对各大企业的 2.3 万名员工所做的调查访问，调查结果是这样的：

仅有 37% 的人表示自己清楚了解所在公司的工作目标和宗旨。

仅有 20% 的人对于自己所在团队和公司的目标充满热情。

仅有 20% 的人表示对于自己手头工作与团队（或公司）目标之间的关联持有清楚的认识。

仅有 15% 的人觉得公司能完全信任他们达成重要目标。

仅有 20% 的人完全信任自己任职的公司。

读完这一系列调查结果，相信大多数人都会留下一个大致的印象：很多公司里都有不满和混乱。但如果让人们复述或者描述一下这种现状，恐怕没有几个人能够做到。

柯维是怎么做的呢？他给这些统计数据做了一个非常人性化的比喻。他说："假设一只足球队的调查结果是这样的话，那就意味着场上 11 名球员中只有 4 个人知道哪个球门是自己球队的；只有两个人会在乎球赛输赢；只有两个人知道自己踢哪个位置；有 9 个人或多或少会对抗队友，而不是对手。

听了这样的描述之后，相信每个人都能复述公司存在的问题：就像一支足球队，只有两名球员拼命想进球，却遭到其他队友的百般阻挠。

同样的事情，当它置于人性化的语境之中被讲述时，取得的可信度就会更高，因为它会被读者更清晰、更深刻地理解。

有时候，一则信息获得的信任度不高，不是因为大家怀疑它的真假，而是因为，它无法被清晰地感知，导致大家不理解它。

比如，报纸上呼吁禁止核武器，描述核武器有惊人的破坏力，能够摧毁千百万小孩时，人们当然不认为这是撒谎，但是，他们最多也就皱皱眉，随即就会将这则信息抛诸脑后，不会因此采取任何行动。人人都知道吸烟有害健康，知道保护生态环境刻不容缓，知道全球缺水问题严重，也知道要反家暴、反战、反对杀戮，但极少有人会为此做些什么。

为了促使人们行动，好的公益广告通常都会将关于健康和环境的"庞大"命题置于人性化、可以被清晰感知和理解的情境之中，以达到震撼、打动人心的效果。

关于禁烟的公益广告很多，最经典的莫过于这句文案：

"癌症治愈烟瘾。"这则广告获得 2003 年戛纳平面大奖。不需要拍摄，不需要道具，也不需要演员，只是一排安静的文字，却相当有震撼力。

吸烟会提高癌症发病率，这是科学研究的结果，也是一个已经被普及的结果，没有人怀疑，即使是那些抽烟者，也并不怀疑。可是对他们来说，这只是一个司空见惯的真相，早已不具备冲击力，更无法带来行动（戒烟）的契机。

而人们的行动是需要理由和契机的，很多时候，研究数据不能够冲击和震撼人的思维，是因为太抽象，而一句反其道而行之的"癌症治愈烟瘾"，逻辑并不严谨，却足够触动人心，发人深省。

对于全球缺水地区的现状，我们都在媒体上见过，这足以引起我们的怜悯和叹息，但很少有人真正理解这意味着什么，也很少有人知道自己可以做些什么。现在这则公益广告告诉人们，你不需

要怜悯和叹息，你要做的事很简单，在卫生间洗漱时，关上水龙头。

这个熟悉的场景足够冲击人们的定式思维，原来不关水龙头、浪费水的行为，会间接导致这样严重的后果。而这个人性化的呼吁也足够促使人们行动起来，因为它很简单，只不过是举手之劳，更何况这举手之劳又如此有效。

人性尺度原理运用的重点在于让抽象的事实变得形象、可触摸，真实性并不重要（比如从逻辑上讲，抽烟并不一定导致癌症，关上水龙头也不会立刻使缺水地区得到水源），重要的是具备足够的冲击力和震撼力，让人们相信并记住这其中的关联。

附着力法则：找到制造流行的"金盒子"

平时我们在讲话的时候，为了让听的人能够听进去，我们通常会采取一些方法：比如提高音量，加重或放缓语气，强调声音里的情绪，等等。同样，广告为了使产品或观念被更多的人知道，也需要花很大力气来思考用什么样的技巧才能使信息更有效地传播。这其中一个关键点在于确保接收者不会左耳进右耳出，所以信息必须具备黏性，能够黏在人的脑海里，不至于轻易被清除出去。

用《纽约客》怪才、传奇作者马尔科姆·格拉德威尔的话来说："一则信息成功传播的因素在于其'附着力'。"

附着力法则是格拉德威尔提出的"流行三法则"之一。他认为，要引发流行潮，事物或信息本身的附着力是其中必不可少的一个因素。那么，附着力究竟是什么？什么样的信息才算具备附着力的信息？

1. 它必须令人难忘，或者至少令人印象深刻；

2. 它必须能促成变化，激发人们采取行动。

在一则广告文案里，附着力很可能与文字无关，只是文字之外的一只"金盒子"。

20 世纪 70 年代的美国有一位传奇式的直销业务员，名叫莱斯特·旺德曼。在一次和其他广告公司竞争业务的比赛中，他使用了被他称为"猎宝法"（treasure hunt）的广告手法，得到了比对手高出60% 以上的市场回应率，大获全胜。

什么是"猎宝法"呢？很简单，旺德曼在杂志的每一则广告里，都让人在优惠购物单的一角画上一个金色的小盒子，然后在一系列电视广告词里告诉大家"金盒子的秘诀"：如果大家能够在自己买的那份杂志上找到金盒子，他们就可以免费获得某件产品。

金盒子带来的效果十分惊人，旺德曼的竞争对手以富有创造力著称，而且在广告上所花的资金是他的 4 倍，电视广告所选时间段全都是黄金时段，但旺德曼凭借一只具有附着力的金盒子，就将他的竞争对手远远甩在身后。

金盒子就像一个触发器，给了观众一个理由去寻找刊登在杂志上的广告，而且它也将电视广告和杂志广告连接起来了。这个金盒子使得观众变成了整个广告体系中的一部分，他们成了参与者，就像在参与一个寻宝游戏。

如何制造"金盒子"，你可以从以下几种方法入手。

一、玩"文字游戏"

美国著名的过滤嘴香烟品牌温斯顿（Winston）有一句经典广告语："Winston tastes good like a cigarette should（温斯顿，正同烟的味道）。"这句不合英语语法的广告语，在当时引起了轰动，成为人们热议的话题，也使得这个品牌的香烟销量在短短几年间大增。在那段时间里，只要你对别人说一句"温斯顿"，他们顺嘴就能说出后半句"正同烟的味道"，可见这是一句拥有附着力的一流广告文案。

造成这种附着力的缘由简单得令人吃惊：仅仅是措辞上的一点小修改，使得它不符合人们的表达习惯，却能使它变得流行。

当然，并非所有不合语法的句子都能够流行，就温斯顿这句广告语而言，它的成功还缘于其他因素，诸如朗朗上口的语感，文字与产品属性的契合度，等等。

但总的来说，要使一则信息拥有附着力，变得流行，把常识推向非常识，打破人们的心理预期，是有效的方法之一。在这里，在广告文案里巧妙地制造意外和非常识的趣味，就是那只使信息具备附着力的"金盒子"。

2014年魅族千元机魅蓝发布之前的预热海报文案造成热议，运用的即是这种文字手法。发布会之前，魅蓝手机官方微博连续几天发布相关的宣传预热海报，五张海报文案分别阐述了千元机的痛处："千元机就是卡？""千元机就是慢？""千元机就是丑？""千元机就是小？""千元机就是糙？"

连续五个问句，道出目前市面千元智能机的缺陷，隐含的意思则是魅蓝手机将杜绝这些缺陷。至此算是中规中矩，但当这五则海报文案发布完毕，有网友将这几张海报拼接在一起的时候，才恍然明白魅族文案的"良苦用心"。

提取这几张宣传图的关键字："卡、慢、丑、小、糙"，将"糙"

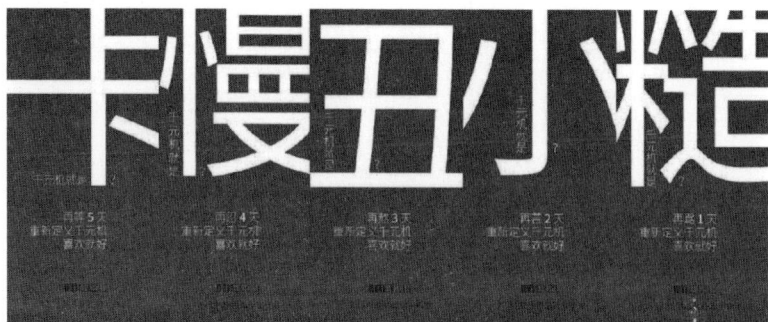

字分开，再连起来读，就是"卡慢丑，小米造"。发现魅族"用心"的网友们炸了锅，纷纷转发分享，乐见"小米躺枪"。

五张海报的"合体"，就是信息传播过程中具有附着力的"金盒子"，用户的参与是其中关键的一环。魅族的机智之处在于，给用户留下了"参与"的空间。就像抛出一个谜语，不给答案，让用户自己去寻找谜底。

二、走"极端路线"

2015 年 5 月，vivo 在《人民日报》发布 4 个整版广告，引发热议。

整整 3 版的空白页面，令人大跌眼镜。直到翻到报纸底版，才会看到一句"再美的文字赞美这部手机都是苍白的，vivo X5Pro 手品

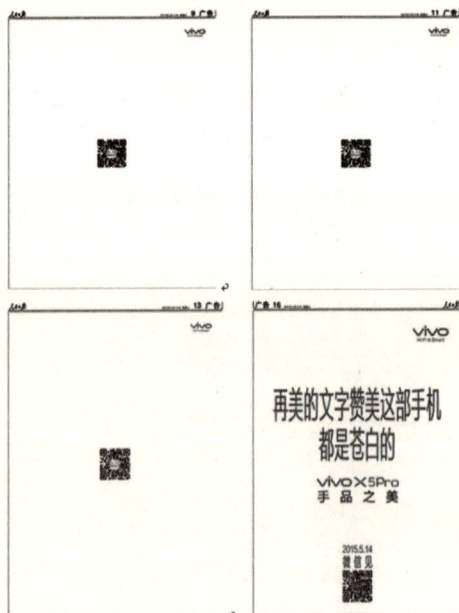

之美，5.14 微信见"的文案。至此谜底揭晓，原来是 vivo 的一则创意广告，为新机 X5Pro 上市造势。

走极简路线的广告文案并不少见，而这则广告之所以具有传播的附着力，是因为：

不惜花 3 个报纸整版造势的一掷千金的大手笔（《人民日报》的广告费用的昂贵众所周知）；

媒体选择上的"意外性"，向来以严肃形象示人的《人民日报》，居然会配合一家手机厂商玩广告"行为艺术"，这出乎所有人意料。

三、运用"可检验性手法"

在美国有一句俚语，"Where's the beef"（牛肉在哪里），这是人们对某事物表示失望时的口头禅。听起来叫人摸不着头脑，牛肉和失望有什么关系？实际上，这句俚语来源于一则温迪汉堡的电视广告：

三位老太太并排站在柜台前，柜台上有一个盘子，盘子里摆着一个汉堡。

汉堡非常大，直径有 30 厘米，三位老太太呆呆看着。

"这汉堡可真大。"

"非常大。"

"又大又松软。"

"非常大又松软……"

这时，一位老太太把汉堡的上层揭开，只见一块很小的肉饼和一根酸黄瓜躺在那里。三位老太太都愣住了。

80 岁的克拉拉·佩勒所饰演的老太太终于开口，她扶着眼镜，眯着眼睛，不高兴地说："Where's the beef？"

旁白：有些汉堡店的松软面包里夹的牛肉可真够少的啊……

佩勒继续问："Where's the beef？"

旁白：温迪单层堡里的牛肉比汉堡王的大皇堡和麦当劳的巨无霸都要多。温迪汉堡，牛肉多，面包少。

佩勒再次问了一句："喂！Where's the beef？"

这则电视广告播出后，"Where's the beef"成了流行语。这句重复了三遍的文案是整则广告的"金盒子"，让人印象深刻，且促使人们行动：去寻找汉堡里的牛肉。

这是一种被称为"可检验性认证"的广告手法，广告暗示人们：温迪汉堡里的牛肉真的比别家汉堡的牛肉多，不信就去找找看！这样做等于是将广告的可信度"外包"给了消费者：我说的是真的，但是，请你们自己去验证真假。

"可检验性认证"不仅能够增加广告可信度，更重要的是，它能够增强信息附着力，促使消费者亲自去行动、去验证。事实的确如此：调查数据显示，广告播出后一年内，温迪汉堡的营业额上升了 31%。

由"可检验性认证"带来的信息附着力，说到底是因为设置了某种激发消费者行动的机制。

附着力并不神秘，很多时候它产生的因素都来自一些看起来微不足道的东西，你不需要凭空去创造，只需要一个小小的创意，就能使信息令人难忘、激发行动。

【案例】
小米移动电源：
简单可感知

这是 10400 毫安时小米移动电源的产品广告。

从海报上可以看出，一级文案强调的是两个数字：10400mAh，69 元。

二级文案强调外壳和电芯：全铝合金金属外壳，LG/ 三星进口电芯。

图片强调的则是产品的"小巧"这一卖点。

图文清晰、简洁，信息一目了然。不故弄玄虚，也不戴高帽，作为阅读者，人们在看到这张小米移动电源的海报时，立刻就能获取这些信息：它体积很小，容量很大，外形漂亮，做工精致，进口内芯，售价便宜。

据说，在策划这张广告海报时，小米的策划团队提出了很多其他文

10400_{mAh}
小米移动电源
全铝合金金属外壳，LG／三星进口电芯

¥69

案，但都被上面一一否决：

"小身材，大容量。"

到底"身材"是多小，"容量"是有多大？小和大的说法，很抽象，不可感知，用户读到这句文案，还得再多想一层。

"不但大，而且久。"

这个有点没节操，而且问题和上一条一样，大是多大？久是多久？太虚了。

"重新定义移动电源。"

这也是很虚的说法，怎样才算重新定义了？更何况小米电源从本质上来讲并没有重新定义移动电源。

"超乎想象地惊艳。"

这是文案最容易走的路子，超乎想象，惊艳，这样的词语用在哪个产品身上都行，但用在哪儿都不走心。

"最具性价比的手机伴侣。"

手机伴侣是什么？不同的人会给出不同的答案。

"一掌之间，充足一天。"

这和"小身材，大容量"的说法是一样的，只不过换了字眼。虽然对"小"和"大"的定义更明晰了，但表达却更绕弯子，很难让人一眼就能看明白。

"小米最来电的配件。"

配件是什么？很多人会想到手机壳。

光看最终文案，会觉得没什么特别，但和以上这些文案一对比，立刻就能分出高下。广告文案的难度并不在于独特，而在于足够简单，一击即中。

　　和其他移动电源的产品文案对比一下，我们会更清楚小米文案好在哪里：

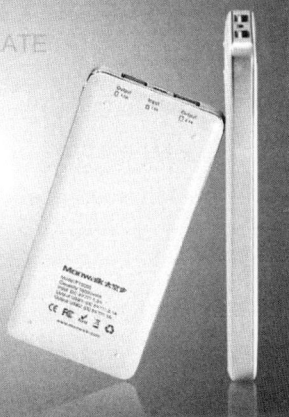

当然，产品本身的属性和诉求不同，文案也会有所偏废，这两则产品文案谈不上坏，但和小米文案一比，其诉求就显得不够有力。

一则好的产品文案，不一定文字最漂亮，图片最华丽，但它一定是好的信息传递者，简单，可感知，从说者到听者之间，最短途径，信息没有多余的消耗。

第六章

兜售参与感，让用户在场介入

用户在场："参与式"消费时代到来

这是英国 Women's Aid 最新的防家暴公益广告，因其独特巧妙的创意，在互联网上迅速传播。

呼吁更多人关注家暴问题，是反家暴公益广告的共同主题，这则广告也不例外，来看它的宣传语：

If you see it, you can change it.（如果你能看见，你就能改变。）

这是在提醒人们，不要对身边家庭中的家庭暴力问题司空见惯，视而不见。

如果这则广告仅仅使用一张受伤女人的脸部照片，其实也已足够引人注目。但在互联网时代，独特、有趣并且耐人寻味的广告创意必不可少，否则广告很难实现爆发式、病毒式的传播。

这则广告的独特创意在于运用现代电子屏技术，让每一个看到广告的人都成为广告的主角：屏幕上设置了自动人脸识别功能，当有路人经过，看到广告牌上鼻青脸肿的女人时，女人脸上的伤就会愈合，如果没有人看见，她就会像这样一直鼻青脸肿下去。

试想，在你的注视下，亲眼看到女人脸上的伤痕褪去，这是一个多么走心的过程。

互动体验是什么？四个字：用户在场。

小米科技联合创始人黎万强说过，今天不是单纯卖产品的时代，卖什么呢？参与感。这种参与感也许是用户拿起手机、动动手指，也许是注视广告牌上的女人，亲眼见证她的伤痕痊愈，或者仅仅在脑子里完成一种想象。

早期，市场上占主导地位的是功能式消费，人们为了满足功能性的需求而消费。随着社会发展，广告行业崛起，品牌成了商品市场的核心因素。而体验式消费时代的到来，又使得品牌不再是消费理念的核心。在互联网和移动互联网时代，取代体验式消费成为市场核心的则是参与式消费。

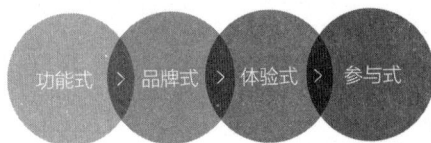

功能式 ＞ 品牌式 ＞ 体验式 ＞ 参与式

这意味着消费需求发生了一次很重要的变迁——消费需求超出了产品本身，不仅再局限于产品的物化属性，更多延伸为社会属性：买东西能让我参与到什么样的新体验进程中去。

这一变迁有两个明显特点：

1. 传播主体中心化趋势日益明显，媒体不再是唯一的信息制造者和传播者。

在 Web 2.0 的世界中，网络媒体更像是一个信息支持平台和人气聚合平台，消费者已经不再是传播的终点，他们成为传播过程中的节点，从一定意义上来讲，每一个消费者都是一个自媒体平台。因此，广告创意的出发点应该考虑消费者的参与，消费者既接受各种信息，同时也在制造信息和向各方传播信息。

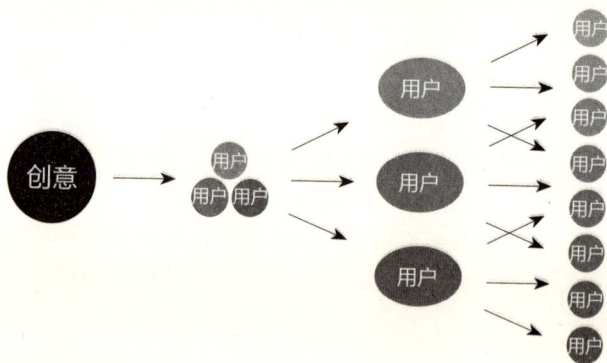

2. 消费者正在凭借自己独一无二的特性创造巨大的价值。

《消费者王朝》的作者普拉哈德说，"公司中心"型创新方式已经消亡，庞大的用户群体远比一个公司团体所能发挥的传播价值和创造价值更大。

在营销 2.0 时代，任何产品如果简单地按照自己的推断去满足消费者体验，都意味着冒险和错误。一个产品或者品牌要想得到消费者的认同，最好的办法就是让他们参与品牌建设，让他们主动提供自己的想法和做法。

任何一个广告创意，目的都是打动目标受众，而广告的互动性设计往往能达到用户在场介入的效果，从而促使他们完成行动。

比如下面这则手表广告：

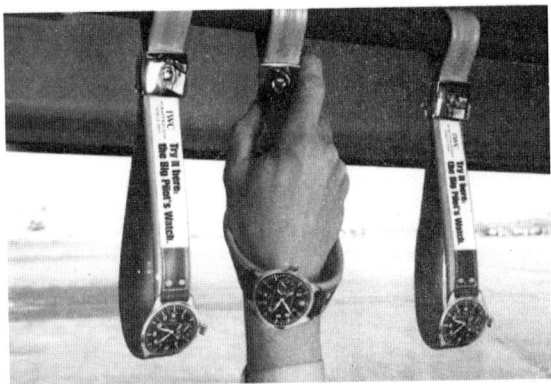

将公交车吊环换成手表的样子，让人产生"戴手表"的假想行为，很精彩的创意。

这是一种被称为"互动实验模板"的广告创意模板，即促使消费者根据广告的描述，完成一个行动，或者促使消费者想象完成行动的情景。

如去屑洗发水广告，模特使用一张黑色的试纸贴在头皮上检查是否有头屑，这会让消费者看到后产生类似的行为或想象，从而对头屑问题更加敏感。

总结一下"互动式"广告的特点：

1. 参与性：体验经济时代，用户在广告中获取亲身感受，体验到参与的乐趣。

2. 娱乐性：广告信息不再直接描述，而是通过比拟、象征和夸张等手法，产生诙谐与荒诞相容的心理。

3. 多元性：广告传播环境的多样化（玻璃幕墙、车体、普通地面），广告媒介形式（三维、四维）、广告表现手法（声光电）。

怎样做出有"参与感"的互动广告？

1. 创意与产品包装相结合；

2. 创意融合周边环境；

3. 利用新技术，如智能设备、移动互联网等。

互动式广告的优势在于：

能够使广告跟用户产生互动，这种互动首先是行动上的亲身参与和亲密接触，之后从思想上产生影响，最后会给用户留下深刻的记忆。

能不说就不说，用交互代替广告

互联网产品经常强调一个概念——用户体验，有的互联网公司甚至专门设立一个职位，叫用户体验官。那么，什么是用户体验？

根据马斯洛需求层次理论，人的需求由低层次到高层次可分为：

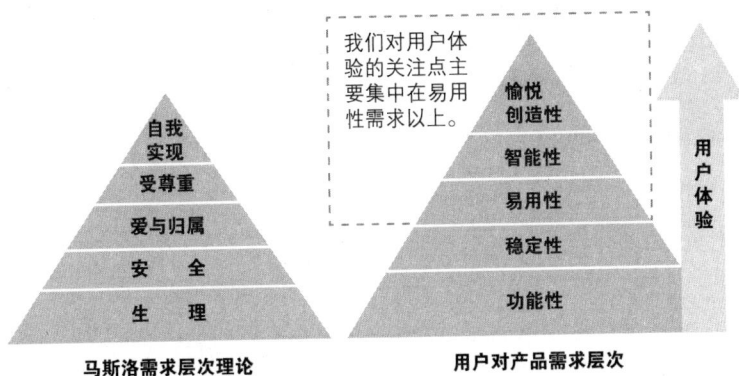

马斯洛需求层次理论

（金字塔由下至上：生理、安全、爱与归属、受尊重、自我实现）

用户对产品需求层次

（金字塔由下至上：功能性、稳定性、易用性、智能性、愉悦创造性）

我们对用户体验的关注点主要集中在易用性需求以上。

用户体验

1. 生理需求

2. 安全需求

3. 爱和归属

4. 尊重

5. 自我实现

而站在用户体验的角度，这些需求也可以分为五类：

1. 功能性需求

2. 稳定性需求

3. 易用性需求

4. 智能性需求

5. 愉悦，创造性需求

从本质上来说，产品的用户体验就是不断满足人们需求，让一切变得更加简单、方便的过程。

那么，产品广告需不需要重视用户体验？答案是肯定的。

来看一则用户体验效果不理想的广告：

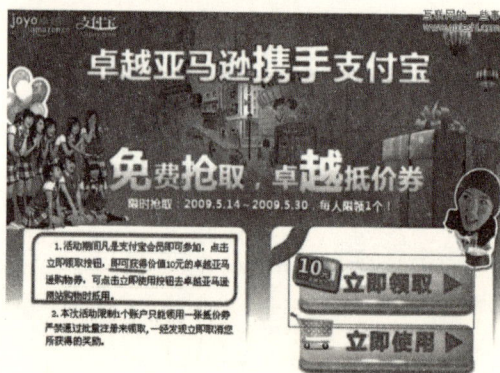

看这则广告，大部分用户都不会逐字逐句去读，而是在迅速浏览下得到几个关键词：免费，即可获得，10元，立即领取。

立即领取的按钮设计得非常醒目，重点突出，这对用户而言是很好的指引。可惜，这则广告在交互设计上存在缺陷，直接点击

"立即领取"而又没有登陆或注册的用户，将会进入一个"没有资格领取"的界面。

问题在于这个免费领取的活动规定了只有会员才可参加，而这个限制条件却没有被醒目地标注出来，而且网页后台也没有做出相应的优化，导致很多用户得到一个非常糟糕的用户体验。

具备良好用户体验的广告是什么样的呢？

淘宝 UED 官方博客曾就"产品广告"和"产品交互"之间的关系，总结出产品文案撰写的一大原则：能不说就不说，用交互代替文案。

由于来取款的人经常遗失随身物品，工作人员需要贴一张告示来提醒人们。

站在用户体验的角度，你认为这张告示的广告如何撰写才能达到目的？亲切友好的文风？还是别出心裁的字体？抑或画一幅搞笑漫画？

慢着，根据"能不说就不说"的原则，在思考用文案解决问题之前，请先考虑交互设计。

这台取款机整体采用斜面设计，包括下面给人放东西的小台子。这看似不合理，实际是一种很巧妙的交互设计。当你取款时，可以将手头的东西放在小台子上，此时有身体挡住，就算是斜面也不会掉下来，而当你离开时，台上的东西就会自然滑落。

用交互设计代替广告，不需要一个字提醒，就可以使客户百分百避免遗失随身物品。

再举淘宝厕所的例子：

同样是为避免离开时遗失随身物品，起初，行政人员贴上醒目温馨的提示，但收效不大。最终的解决办法是：将放置小物品的架子从侧面移至正面，而且置于门锁旁边。可以想象到，任何人要开门离开，都会看到门锁旁边的物品。这样的交互设计，效果绝对好过广告。

当然，这并不是说广告本身一无是处，而是说，好的广告，需要有良好的交互体验来支撑。比如美国金门大桥危机咨询电话广告。

这个广告的优秀之处在于：

1. 不仅局限于解释这个功能，而且能够着眼于真实使用情境，使之与特定的受众之间产生临场互动：强调功能，阻止自杀的错误行动，同时明确给予出口，鼓励人们拿起电话求助。

2. 广告按照资源位的重要性分为清晰的、具备指导力的三个层次：表层只推广→主体再提示→后台给出细节。

为了提醒员工厕所内不可以吸烟，行政贴出了通知。但这则通知文案的缺陷在于：字数太多，重点不明确，语气容易引起烟民的反感，而且没有给烟民留下解决办法。

如何修改呢？三个步骤：分段、断句→减量、情感→给出口。

具体就是，能不说就不说，能少说就少说，要么用交互代替文案，不能代替就在广告里直接给出解决方案。

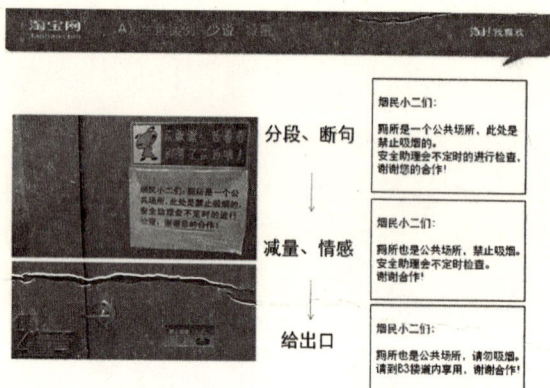

分段、断句

↓

减量、情感

↓

给出口

马尔科姆·格拉德威尔在著作《引爆点》中提到一个案例：

社会心理学家霍华德·莱文瑟想知道自己有没有能力说服一组耶鲁大学的学生去注射破伤风疫苗。在第一次实验中，他分发了一本小册子，以夸张的语言解释了破伤风的危险性和打预防针的重要性，并配以非常恐怖的破伤风患者照片。

但是一个月后，只有3%的学生去校医院接受了疫苗注射。于是第二次实验中，莱文瑟在小册子上附了一张校园地图，他在校医院大楼处画了一个圈，列出了打预防针的具体时间安排。结果，去接受注射的比例升至28%。

毫无疑问，看过小册子的学生都明白破伤风的害处，但促使他们行动的，不是这些恐怖的信息，而是一张地图和时间安排表，详尽地建议他们把注射疫苗一事合理地安排进自己的生活。

交互体验说到底是一种想象中的互动，即假设用户在场，广告应该如何撰写和设计，以便更有效地引导用户行动。

那么，如何通过交互来引导用户？有几个简单的要点可以参照：

1. 引导用户的视线；

2. 使用颜色来吸引用户注意；

3. 有人情味的友好的交互文本；

4. 注意功能简化，避免烦琐。

总之，当一则广告从单方面的诉求和传播转变为一种设计优良的交互体验时，它就会让人难忘，并且让人照做。

▍从"客户"到"用户"，三个战术塑造参与感

在过去，我们经常看到的企业和用户之间的关系，要么是企业给用户下跪，用户是上帝，只要你肯掏钱买我们的东西，你想怎样都行；要么是企业高高在上，让用户下跪，反正我们的产品最好，你爱买不买。

说得准确些，这不算"用户"，顶多只能算"客户"。彼此保持距离，消费行为发生后，企业和"客户"之间的关系也就没了，"客户"也很难对品牌或产品发自内心地去热爱和维护。

到了以社群、圈层连接为核心的互联网时代，这样的"客户"关系是很难维持的。

首先，传播节点和传播效率的最大化，使得任何信息都能够迅速扩散，其中当然也包括对品牌不利的信息。如果用户对你有意见，

他不会再拨打你的售后电话，而是直接在网络上发表看法。

其次，没有口碑，意味着很难得到社群力量。如果不能让尽可能多的用户对你的品牌或者产品产生使用黏性或者情感认同，那么你就很难利用口碑和社群实现品牌的裂变式传播。

再次，以前的品牌和客户关系是"弱连接"，而在一个连接的时代，"弱连接"等于"无连接"。

如何让用户产生黏性？小米提出了一个观点：

让用户下跪？

给用户下跪？

和用户一起玩！

和用户交朋友，和用户一起玩！

和用户如朋友般一起玩、讨论产品，通过各个社交平台进行沟通，这个过程本身就是需求收集，就是产品传播。

在互联网这个平台，每一个人，每一个 IP 地址，每一个移动客户端，都是传播的渠道。所以互联网传播的本质是口碑为王。好的口碑是什么？就是要让作为用户的个人，主动夸你的产品，主动向身边的人推荐。

口碑传播类似动力系统有三个核心，即"口碑的铁三角"：发动机、加速器和关系链。

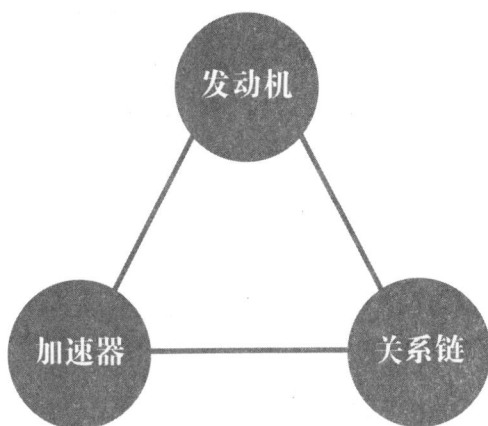

发动机：产品

加速器：社会化媒体

关系链：用户关系

产品是基础中的基础，社会化媒体是口碑传播的加速器，而用户关系才是口碑的本质。所以在有一个好的产品的前提下，最根本的问题在于，千千万万的用户，为什么要认可你的产品？为什么要主动帮你传播？

这就是和用户成为朋友，和用户一起玩的最大意义所在：社交网络的建立是基于人与人之间的信任关系，信息的流动是信任的传递。企业建立的用户关系信任度越高，口碑传播越广。

怎么和用户一起玩？总的来讲，就是要塑造参与感。

具体来讲，可分为三个战略和三个战术。

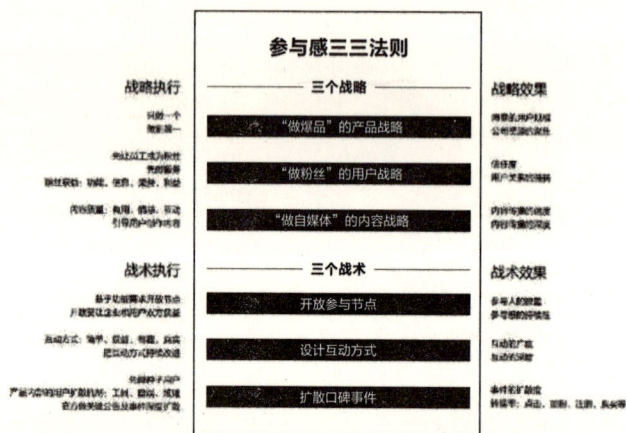

这里仅就战术来展开。

战术一，开放参与节点。

这里的节点包括产品设计、服务、品牌打造、营销、传播等等，也就是说，在做一个品牌或者产品的过程中，所有节点都可以开放给用户来参与。参与的过程，就是口碑形成和以用户为渠道传播的过程。

在此仅就品牌营销和传播而言，如何在这一环节制造参与感呢？

1.开放社交平台鼓励参与

比如杜蕾斯微博就设置了一个粉丝互动栏目，叫"最粉丝"，由官方提问，粉丝来回答，每次挑出最出彩的一个回答在官微展示，并赠送产品。

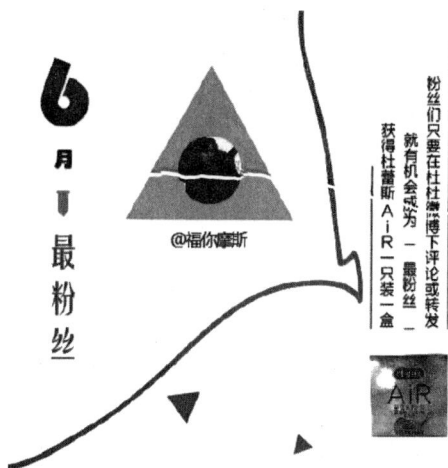

很简单的参与机制，每次都能吸引大批粉丝参与，算是杜蕾斯的一个招牌互动话题。

2. 开放应用场景参与入口

比如百度世界杯期间在移动端推出的"世界杯刷脸吃饭"活动。

消费者只需用手机百度自拍一张照片，系统便会自动识别打分，并根据分数赠送相应的优惠券，可以在百度外卖下单时直接使用。

战术二，设计互动方式。

遵循"简单、获益、有趣和真实"的设计思路来设计互动方式。如香港大众汽车在电影院的一次互动营销：

香港大众汽车包下了电影院影片开播前的广告位，一开始屏幕上是一段第一视觉的汽车前进画面，司机正在悠闲地开着车，这时商家用 LBS 技术推送短信给现场观众。观众听到短信提示音后，纷纷拿起手机查看，正在这时，电影屏幕中的汽车便发生了事故。在最后的画面中，屏幕出现一段文案："玩手机是当前交通事故的主要发生原因，珍惜生命，勿玩手机。"

运用技术手段加入的互动环节，比起单纯让观众观看广告视频和文案，更能带来真实感和震撼感。

战术三，扩散口碑事件。

简单来说，就是把基于互动产生的内容做成话题，变成可传播的事件，让口碑产生裂变，吸引更多人来参与。

扩散的途径，一般有两种。

一是直接利用产品植入鼓励用户分享的机制。

比如可口可乐歌词瓶：

消费者通过扫描瓶上的二维码，可以观看小段音乐动画，并在社交平台上分享，直接通过瓶上的歌词或音乐来表达自己的心情。

第二种扩散方式，是发现话题，做深度事件营销。

如支付宝晒十年账单的活动：

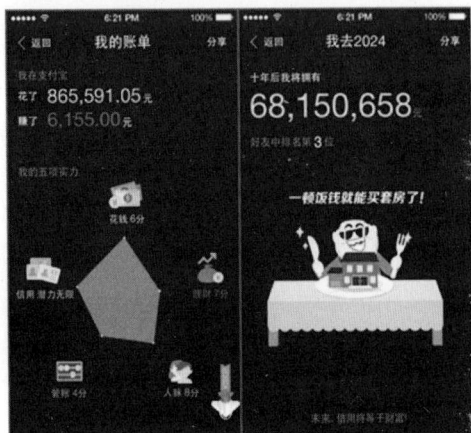

和历年的支付宝账单不同的是，本次支付宝对账单推出新功能"我去2024"，可以通过统计用户过往十年的花钱能力、理财能力、人脉实力、信用能力、管钱能力等几项指标，得出个人的2024财富预测值。虽然只是娱乐，但可以看作对个人信用和理财能力、消费能力另一维度的评估。

支付宝十年账单上线后，出于炫耀、出于怀旧、出于对过去的回顾等种种动机，网友争先恐后在微博、微信等社交平台上晒出自己的账单。支付宝方面则根据后台数据做了些有趣的统计，比如哪些地方最土豪，哪些地方最黑马，等等，把十年账单的大数据掏了个底朝天，二次传播也做到了极致。

　　这一事件传播带来的口碑裂变无疑是巨大的，那么，为什么有这么多人愿意分享账单呢？

　　因为这个活动在互动环节很好地掐准了朋友与朋友之间的隐性比较心理；对支付宝搭载工具的功能描述文案，俏皮又不失格调，非常讨喜。如：

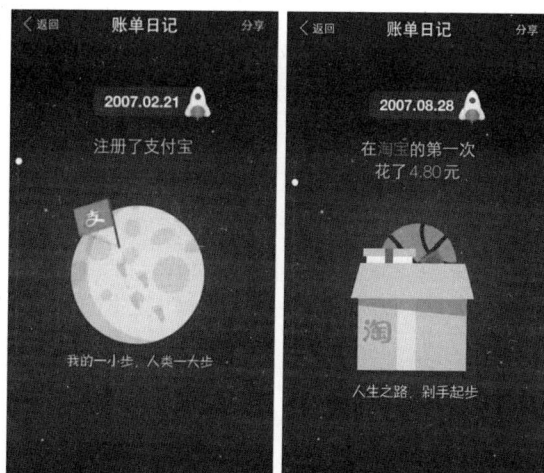

　　参与感的顶点是让用户走上舞台，成为明星。因为炫耀与存在感，是后工业时代和数字时代交融期，互联网上最显性的群体意识特征。

　　互联网时代的年轻人，有着天然的"在场介入"的心理需求，以及"影响世界"的热情。如内容型UGC（用户产生内容）模式产品的走红，以及动漫文化圈著名的"B站"（哔哩哔哩）受热捧，都是典型的现象。

活跃在互联网上的年轻人早已不满足于被动接受，他们希望发声，比起单纯地看节目，他们更希望就节目发表自己的观点。因此，要吸引他们的注意力，得到他们的认同，最好的办法就是先认同他们，将他们推到台前，让他们来当主角、当明星——而这正是塑造"参与感"的价值所在。

和用户说话，保持满满的代入感

现代营销学之父科特勒先生提出了著名的 4P 理论：产品、价格、渠道、促销。这是所有营销分支理论的基本框架。

而在移动互联网时代，这个著名的 4P 理论的外延正在被改写：

1. 产品维度

工业时代，产品是流水线上生产出来的具有实体的商品，而互联网产品是虚拟产品，在移动互联网平台上，虚拟产品更是具体化为虚拟场景和解决方案。

2. 价格维度

互联网改写了获取产品和服务的价格维度，在很多时候，分享即获取，同时包含用户的分享成本和信任溢价。

3. 渠道维度

在互联网时代，跨界即连接，用户即渠道。

4. 促销维度

流行即流量，场景引爆品牌。

移动互联网给出了一个前所未有的机会，可以把人和一切、供给和需求，建起无限的连接，而这种连接是以人为中心，以用户为中心的，在有需要时可以随时被激活。

心理学家斯坦利·米尔格莱姆（Stanley Milgram）为了研究人们是如何联系的，曾经做过一个实验，最终得出了著名的"六步分离法则"（six degrees of separation），即在随机抽选出的两个人之间，最多只需要六步就能够联系上。

这是 20 世纪 60 年代的研究成果，如今人们在互联网上的联系越来越紧密，每一个用户都可能是一个能量巨大的传播节点。因此，企业获取用户、维护用户，以及获取影响力的渠道，都在发生深刻的变革。

互联网的核心精神之一，是分享思维。闭门造车，酒香不怕巷子深的传统做法，早已行不通，只有被用户分享出去的资源和信息才能产生价值，只有分享才能经由一个个用户，进一步营造出几何增长式的分享，形成爆发式传播效应。

当分享的主体、渠道和传播的主体不再是企业和第三方广告中介，而是用户时，那么对用户的认知就应该被提升到一个新的高度。

如何调整企业、产品、传播和用户之间的沟通姿态和方式，如何最大限度地调动用户的参与欲和分享欲，这应该成为产品营销、广告创意最重要的课题之一。

对于一个品牌来说，需要经营三个维度：

1. 知名度——多少用户知道你。

2. 美誉度——用户对你有了好感。

3. 忠诚度——你已在用户心里，他会为你锦上添花，更会为你雪中送炭。

一般来说，具备忠诚度的用户，才能成为品牌的"粉丝"，现在很多人说"粉丝效应"，具备忠诚度的粉丝所能带来的效应毋庸赘言，问题是如何将用户发展成抱团的粉丝。

一个重要的方式是，在早期，一定要先找出核心目标用户，和这一小部分用户频繁互动，发酵参与感。

《引爆点》中有一个广为人知的观点，即引爆流行潮的三法则之一，个人人物法则的三类重要人物分别是：

1. 联系员

2. 内行

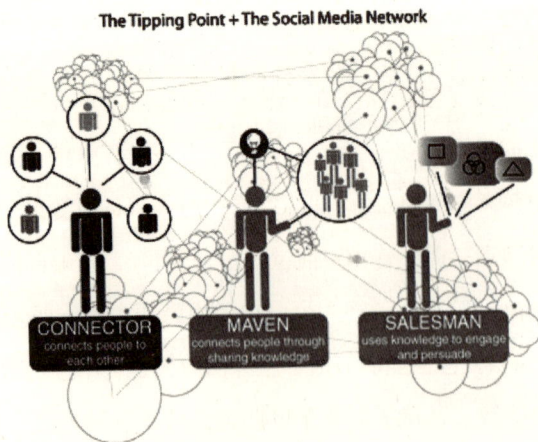

The Tipping Point + The Social Media Network

CONNECTOR
connects people to each other

MAVEN
connects people through sharing knowledge

SALESMAN
uses knowledge to engage and persuade

3. 推销员

将一个信息广泛传播出去，并且引爆流行的人物节点，通常是这三类人。

在去中心化的互联网时代，流行潮的发生仍然遵循这个法则，只是和现实世界基于地理位置或者人际关系的人群聚集方式不同，在互联网上，更多的是基于兴趣的族群聚集。

花大力气维护核心目标用户的目的，就是维护好这三类传播的关键节点。

对任何一个互联网时代的企业来说，以用户为中心的观念都应当深深植入内心。产品的任何宣传手段、任何文案，都需要保持用户满满的代入感。

比如小米的电视广告，它是在小米有了数千万用户之后才出现的，它的目的当然是打知名度，但看起来更像是与忠实粉丝之间的一种心照不宣的互动，因为这个长达1分钟、在春晚前黄金时段播出的广告中，并未出现小米任何产品的身影，它并不是在为产品代言，而是为用户、为小米所有的粉丝代言，可以说将"用户思维""粉丝效应"实践到了极致。

具体来讲，文案面对用户保持代入感，有三种方法。

1. 让用户当"明星"

就像小米的电视广告一样，不提产品，而是将用户推向台前，让他们当一回聚光灯下的"明星"，满足了用户，也就相当于为自己带来了流量和口碑。

2. 场景还原

这个方法要求对用户有足够的洞察，通过场景（人生的回忆场景或者具体的生活场景）还原的手法，激起用户共鸣。

3. 情感诉求

人是感情的动物，要将"用户"变成具有黏性的"粉丝"，诉诸感情是必要的方式。

【案例】
乐高"抠门"广告：
把文案从阅读变成深度想象

很多人一提到广告文案，就会想起一些常规性的法则，例如短得令人尖叫、通俗、接地气等等，或者想要学习如何像诚品书店那样把一则长文案写得妙笔生花。实际上，文案并不一定要遵循短或者长的规则，甚至，文案不一定要拿来给用户阅读，它也可以变成一种暗示，或者变成用户脑中无限的想象。

看看乐高的这组平面广告：

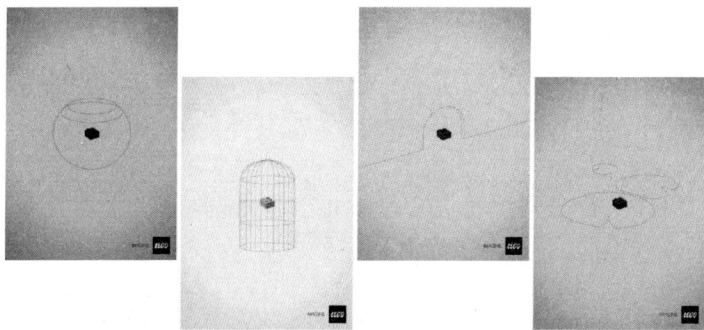

这是金鱼

这是金丝雀

这是老鼠

这是青蛙

文案和设计都太"偷懒"了。文案只有一个词：Imagine——想象一下。视觉更是省事，随便画个鱼缸，丢一小块乐高积木上去：嘿，这是鱼，你想象一下。再画只笼子，丢一小块上去：嘿，这是鸟，你想象一下。

但是，创意一目了然，文案堪称点睛之笔。爱玩，爱想象，这不正是乐高想让小朋友们做到的吗？

事实上，这种"偷懒"到只剩下符号的设计，正是乐高品牌的灵魂所在。

乐高曾经把最具想象力的产品和旅游胜地用乐高积木摆出来，从 Mini Cooper 汽车一直摆到大众汽车，每一个符号化的品牌都经过乐高积木组合成更具符号化的品牌。

六种 2×4 大小的乐高积木，可以创造出超过 9 亿种组合模型——正是这样的符号化产品特性和几乎无限组合的潜能，使得乐高在产品文案上也保持了符号化的灵魂。尽管这样的广告被人称为"史上最抠门的广告"，但其中所暗示出来的符号特性和巨大的使用性能，以及无限的想象性，正是乐高想要带给用户的最核心的信息。毫无疑问，它成功了。

第七章

有诚意，和用户做个好朋友

任何时候品牌都要慰藉人心

过去工业时代，产品追求的是功能标准（FAB）：

F：Fact，属性；

A：Advantage，优势；

B：Benefit，客户利益。

也就是说，过去的产品追求的是功效，以及竞争对手没有的功能优势。

而在今天的互联网大环境下，产品强调的已经不再是功能，而是情感体验。

用《商业秀》作者斯科特·麦克凯恩的话来说，产品营销就是创造与用户的情感联系。其核心有两点：

1. 极致的体验；

2. 强烈的情感诉求。

过去，你卖一件产品，我付钱，这是合理的商业逻辑，但如今，消费者追求的很可能不是功能功效，不是逻辑的合理性，他买一件产品，理由可能只是一句"我乐意"。

凭什么让消费者"乐意"？这就要求当下的产品要去触动他们的心灵，提供超越商业的价值。

"提供超越商业的价值"，可以通过各种方式：

产品；

内容营销；

服务；

…………

每一个步骤，都可以利用起来。

"罗辑思维"创始人罗振宇说过一个观点，他认为，在互联网时代，"一切产业皆媒体，一切内容皆广告"。如何理解？以前，传统品牌的打造基本是靠大量的广告，而这些广告需要第三方媒体（通常是传统媒体）和各种营销渠道来实现投放，但现在，互联网品牌完全可以"0广告"崛起，小米手机就是一个最好的例证。

在这个时代，不是只有正统的广告才能塑造品牌形象，企业的一举一动一言一行，都是在打造品牌。

去中介（广告和渠道）化，是移动互联网的趋势。互联网企业和品牌减少或去除"中介化"，加强自身的媒体属性之后，面临的首要问题就是：如何处理企业、品牌和用户之间的关系。因为没有中介之后，企业相当于直接面对你的用户，这个时候你只能靠自己和用户打交道。

在社交媒体上，企业需要直接和用户进行交流，在产品体验、内容营销和服务上，品牌必须不遗余力地满足用户需求，"提供超越商业的价值"，和用户成为朋友，才能和他们建立深层的联系。

90后创业者，泡否科技创始人马佳佳对互联网品牌观的分析，很能说明问题：

完美的生意就像一场完美的恋爱，品牌和用户之间：

互相欣赏 + 三观统一 + 灵魂契合

品牌对用户：

精神引领 + 给他力量

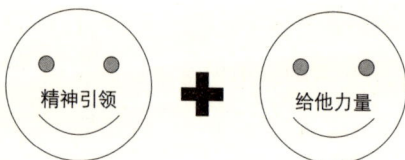

罗振宇也说，在互联网时代，生意得有交情才行。

交情，就是用户对你这个品牌有感情。淘宝上有家店叫"南食召"，卖传统特产和手工面。有一次因为洪水淹了仓库，导致货发不出来，要放在工业时代，当然是消费者怨声四起，企业道歉、赔钱了事，但因为南食召的用户和这家店有了感情，结果很多人主动给南食召打钱，帮它渡过难关。

那么，这种交情是怎么建立起来的？我们平时交朋友，首先三观一致，一拍即合；其次，也是更重要的一点，一定要用十二分的诚意去经营关系，才谈得上交情。

品牌也是一样，和用户建立起交情的原因在于：

1. 独特——品牌辨识度高，能够吸引三观一致的人；

2. 真诚，慰藉人心——用十二分的诚意经营关系。

第二种方式，则是成为圈层意识的象征。

比如小米提出"致敬无悔青春"，发售"青春版"手机，为青春代言，这也是慰藉人心的一种方式，为什么这么说，因为它的广告诉求让那些用小米手机的年轻人，在用 iPhone 的人面前一点也不自卑：我们用的手机的确便宜，那又怎样？那证明我们年轻啊，这是我们年轻人用的手机。在这里，小米成了一种青春的证明，成了"年轻人"这一圈层的自我意识象征物。

品牌和用户群体完成了一种"共谋"，将"便宜"等劣势特征转变为"年轻""个性"等优势特征。

2015 年台湾全联超市推出的最新文案，也是针对"年轻人"这一群体，将原本很"丢脸"的省钱一事上升为一种生活美学。

海报风格利落简洁，文案出彩。数位不同性格、气质和身份的穿着时尚的年轻人，讲述着各自不同的省钱理由，很容易让年轻人

从中找到自己的影子。

在一般人的观念里，尤其是对于年轻人这个群体来讲，省钱是一件很丢脸的事。事实上，全联30岁以下的消费者仅占9%，很多台湾的年轻人去全联消费会有一种"委屈感"。所以全联站出来告诉他们：年轻人省钱并不丢脸，省钱是一种美学，也是一种在理想中顾及现实的姿态。

和用户建立交情，交朋友，并不是说一句"嗨，我们交个朋友吧"就能成功，也不是和用户混得很熟、打成一片就可以，而是要真正去理解他们的所思所想，说他们想说的话，甚至要帮他们说出不敢说的话。

有时，你需要温柔地在一旁守护；

有时，你需要和他们一起"对抗"世界；

有时，你需要帮他们"出气""撑腰"；

有时，你得为他们收拾残局；

…………

品牌和用户之间真正的交情是，你的存在，你说的话，你的一举一动，对用户来说都是一种走心的慰藉。

四种广告写法，对用户表达善意

被称作"网络文化发言人"的美国《连线》杂志创始人凯

文·凯利，曾经预测出六个未来互联网趋势：

1. 屏幕化（screening）

2. 互动（interacting）

3. 分享（sharing）

4. 流动（flowing）

5. 访问而非拥有（accessing，not oweing）

6. 价值创造（generating，not copying）

今天再来看这几个趋势，很好理解。互动，分享，流动，这都是基于人与人的连接而言。过去说21世纪人才最重要，现在则认为连接最重要。连接是典型的互联网思维，即基于关系的思维。用网媒领军人物李善友的话来讲，互联网思维就是：产品只是入口，社群才是商业模式。

小米创始人雷军说"站在风口，猪都能飞起来"。让小米飞起来的风口，就是社群连接。在网络社会中，关系和连接的重要性不言而喻。全世界最大的出租公司优步没有一辆出租车，全世界最热门的媒体脸书没有一个内容制作人，全世界最大的住宿服务商爱彼迎没有任何房产，全世界最大的零售商阿里巴巴没有一件商品库存，它们的共同点都是只做了一件事，那就是建立和连接社群。

用户即资源，互联网品牌竞争的本质是竞争用户资源。当然，用户资源不仅看数量，更要看质量。如何看质量？李善友给出的公式是：

社群势能 = 产品质量 × 连接系数

其中，连接系数和你的粉丝（铁粉）数有关。也就是说，铁粉越多，连接系数越大，社群势能也越大。粉丝和普通用户不同，他们和品牌有很强的情感关联，他们会希望你更好，会帮着你变得更好。如果一个品牌有一万个铁粉，那它一定能够创造颠覆性的成功。

作为品牌，要提高社群势能，首先，持续完善并保证产品质量；其次，提升连接系数。

提升连接系数的方法，从文案角度来回答就是：所有文字，都对用户表达善意。这里的"文字"，包括产品文案、页面文案、社交平台文案、公关文案、交互文案、服务文案等等，总之，所有需要和用户打交道的范畴，都应算作品牌文案的一部分，都应将用户的体验放在第一位。

具体怎么做呢？

一、为用户提供方便

举个例子，在手机地图上可以直接叫车，这时打车软件会弹出窗口（见下页图）：

比较这两条文案的高下，很明显，后者优于前者。因为后者是站在用户角度考虑，详细提供了用户所需的信息，一目了然。如果你是一名用户，你当然会更愿意点击后者。

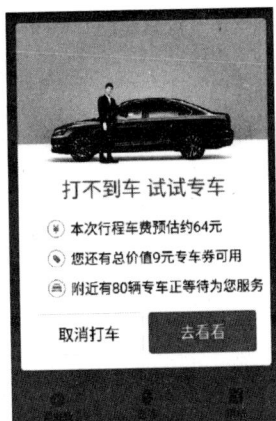

二、话说明白，别给用户制造困惑

文案对用户表达善意，并不意味着你所撰写的文案必须语气柔软，用语讲究，卖萌撒娇，而是应该在所有细节上恰到好处地给予用户方便，或者，仅仅只是把话说得简洁明了。这是一则发给用户的短信文案：

是不是要看好几遍才能看明白？作为一条以服务为目的的短信，意思含糊不清是致命伤。这则文案光顾着玩感情牌，却忘了用户在这个时候最需要的是清晰明了的指导。

三、废话也"友善"

所谓"善意",是善解人意,而不是自顾自地表演善良和情意。文案的"善意"可以体现在方方面面,有时候,它很可能只是一句废话:

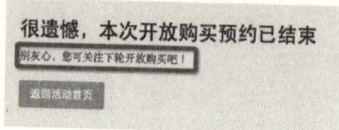

很遗憾,本次开放购买预约已结束
别灰心,您可关注下轮开放购买吧!
返回活动首页

用户没有在开放购买环节买到产品,当然会感到很失落,所以有的产品官网会在"预约结束"的文案下面,加上这么一句话:别灰心,您可关注下一轮。

仔细想一想,这是一句彻头彻尾的废话,这一轮没有买到,谁不知道可以关注下一轮?但有这么一句文案在这儿,可以转移用户负面情绪,让用户得到安慰,同时也可以起到引导用户参与下一轮购买的作用,制造用户黏性,可谓一举多得。

四、比用户更懂他

优秀的文案,能够直接带来用户的转化和黏性,而且,优秀的文案,可以出现在任何时间、任何"地点":

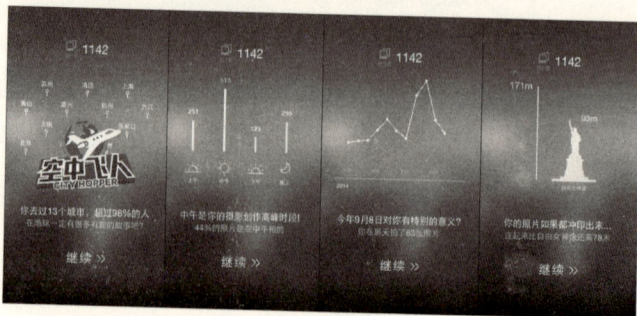

历程，它比你自己更懂你，试想，你会舍得卸载它吗？你会不愿意向朋友推荐它吗？

知乎的文案，则是"很有腔调"地懂你：

作为一个连接用户社群的互联网平台，知乎的文案基本是以用户为中心，每一句，都是在鼓励用户创造并分享自己，而且都让人很受用。包括邮件提醒文案：

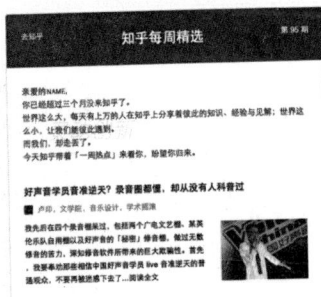

这两封邮件的标题分别是：

"××，我们还可以回到从前吗？"

"××，我想我可能要离开你了。"

收到这样的邮件，你真的会忍心注销账号吗？

就连页面宕机的时候，文案也很有"范儿"：

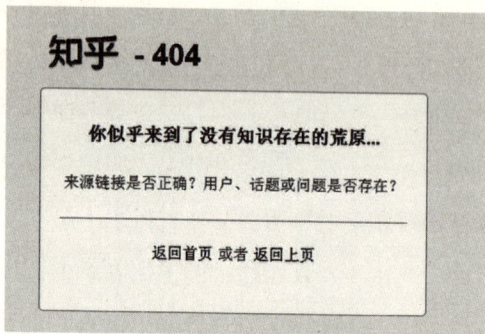

对于用户而言，页面宕机是一种不好的使用体验，而知乎这一句文案，既出乎意料，又贴合它的产品。更"善解人意"的是，接下来就很实在地提醒用户：是不是链接来源错了？最后再很贴心地送上两个"返回"的链接。

产品、运营、销售、服务，每一个环节都可能决定品牌和用户的"连接系数"。对用户表达善意，说来容易，做起来难。

而文案要做的就是：代入用户生活去想象他们，钻进用户心里去理解他们，然后写他们想看的，说他们想听的，给他们想要的。

三种"共谋"法：用户可以抵挡一切，除了虚荣心

网媒领军人物、酷6网创始人李善友在"移动互联网时代的颠

覆式创新"讲座中曾提及："互联网品牌定位应该越窄越好"。

他提出，这个定位最好涉及一点点心理"禁忌"，抓住人们真心想要却又有所顾忌的心理，简单来讲，就是要抓住人们的"虚荣心"。

比如软饮界的可口可乐和百事可乐，可口可乐是百年老品牌，原本是这一行业的唯一霸主，百事可乐作为后起之秀，如何占据市场？它提出的定位是年轻。

和可口可乐原本的正统、正宗定位比起来，这是一个反其道而行之的定位，而且看起来很窄，只针对年轻人，但是百事可乐借此迅速获得了市场份额。不仅年轻人愿意喝这种诉求年轻的可乐，年纪大的人也愿意喝，因为他们有一个隐秘的心理，即追求年轻，想要证明自己还没老。这是一种虚荣心，但不便言明，而他们所购买的产品，可以巧妙地帮助他们宣泄这一心理需求。

虚荣心无处不在，买一块手表，买一个手机，买一辆车，甚至在办公室网购零食，背后都很可能有着虚荣心的支撑，嘴上不说，心里活动却是：你们看，我多有品位；你们看，我的喜好多么特别；你们看，我有钱，但我更有内涵；你们看，我买的零食你们都没吃过……

品牌定位要抓住人们最隐秘的、不便明说的"虚荣心"，才能从极窄的定位里得到生机。比如万宝路，我们都知道它的品牌定位是男子气概，但是，今天我们去看抽万宝路的人，不一定都是具有男子气概的人，那些不太"男人"的男人和"女汉子"也会青睐万宝路，理由很简单，因为心底的小小虚荣：向往。

小米的定位是"为发烧而生"，今天小米用户上亿，难道都是发烧友？当然不是，但这并不妨碍用户以此标榜自己，并引以为豪。

再来看蝉游记 App，它的广告语是"发现旅游之美"，作为一款文艺旅游软件，算是中规中矩，但它写得更好的文案却是这个：

如果说"发现旅游之美"是很宽泛的定位，那么，"超多女生在这里写游记"，定位就很窄很具体了。

但我们看看这句文案带来的效应：女生看到了这句话会想，那我也要在这里写游记；男生看到了也会想，那我也来这里写游记。这句话同时打动了两类人，一样的行为，不一样的心理。但心理的诱因都是一样的：虚荣心。

社会心理学家罗伯特·西奥迪尼在他的《影响力》一书中，从心理学角度提出了六个影响购买的"影响力诱因"，简称 CLARCCS：

1. 攀比（Comparison）：同类的力量。

2. 喜好（Liking）：平衡理论。"我喜欢你……我愿意掏钱给你！"

3. 权威（Authority）：破译可信度的密码。

4. 互惠（Reciprocation）：礼尚往来……有利可图！

5. 承诺 / 一致性（Commitment/consistentcy）："铜墙铁壁"技巧。

6. 稀缺（Scarcity）：在有货时赶紧拿到它们。

"影响力诱因"的第一条就是攀比，对广告人来说，掌握用户的这一心理，将是非常强大的武器。攀比的心理学依据是"从众效应"，人类心理学告诉我们：没有人喜欢被排除在外，我们全都受一种寻求归属的需要所驱使。

当我们和"同类"攀比时：

首先，我们是想在同类中寻求归属感，好让自己知道我们没有被排除在圈子之外。

其次，我们想要赢过别的同类，至少是在心理上，希望产生优越感，满足自己的虚荣心。

如今风靡世界的雀巢速溶咖啡，刚问世时，曾一度遭受冷落。当时，它的广告拼命宣传速溶咖啡的简单、快捷、方便等优点，认为这些符合人们快节奏生活的需求。结果，人们的确承认了它的优点，却在购买时仍然选择普通咖啡。原因很简单，当时购买咖啡的人群主要是主妇群体，作为主妇，当然很想省事，减轻家务的负担，但社会规范和舆论却会认为一位为了图省事而购买速溶咖啡的主妇，不是好主妇。这和纸尿布刚问世时的情形一模一样。纸尿布的广告，大力宣传产品方便、省时等优点，作为主妇，当然也想为了省事去买纸尿布，但同样过不了舆论这一关。

后来，雀巢公司改变了产品定位，宣传的重点从只强调省时、方便转变为强调可以让主妇腾出更多时间精力去做其他事情，创造更多财富和生活乐趣，同时强调速溶咖啡和普通咖啡一样醇美浓郁。

这样一来，不仅扭转了产品形象，也改变了社会舆论，主妇们当然欣然购买。

同样，纸尿布的制造商也改变了广告诉求，从宣传方便快捷，转而宣传纸尿布干净、透气，能够呵护宝宝的小屁股，这样一来，主妇购买的理由就从说不出口的"图省事"转变为冠冕堂皇的"为宝宝着想"，纸尿布由此得以迅速普及。

表面上看，品牌洞察人们隐秘的心理，从而满足这种心理，这完全是一种商业手段，但从本质上来讲，这是一种"共谋"：品牌和消费者之间的"共谋"。

共谋有以下几种实现方式。

1. 改变产品诉求

作为品牌，生产产品的目的是满足相应的需求，而这种需求也确实是消费者实际存在的需求，但因为舆论的存在阻碍了这一需求的普及，所以品牌首先要做的就是开辟一个新的、更狭窄的定位，避开原有的舆论，和消费者之间达成"共谋"：

我提供 A，你想要 A，但你说不出口——我懂你，所以我们一致对外，心知肚明地把 A 说辞转换为 B 说辞，结果皆大欢喜。

2. 扭转舆论

怎么向消费者表达诚意，怎么和他们成为朋友？有时你需要说出他们说不出口的话；有时，却需要保持沉默，和他们共享秘密。

人是社会性动物，普遍过不了"虚荣"这一关。这里的"虚荣"，不一定是买名牌、坐豪车、晒豪宅的那种"虚荣"，也不是一个贬义词，它只是一种心理上的"从众"。谁也没办法脱离周围的舆论而存在。

品牌和消费者之间"共谋",关键在于"懂你说的,懂你没说的",但懂了之后,不一定要说出来。

3. 点透而不说破

"虚荣"这种心理,不能说,说不得,一说就破,最好的境界是点透而不说破,彼此心照不宣,心领神会。

微信在推出6.1版本时,新增了"微信红包"功能,为了提醒更多用户及时更新,在更新版本的开场文案中设置了这样的页面,迅速引发分享热潮:

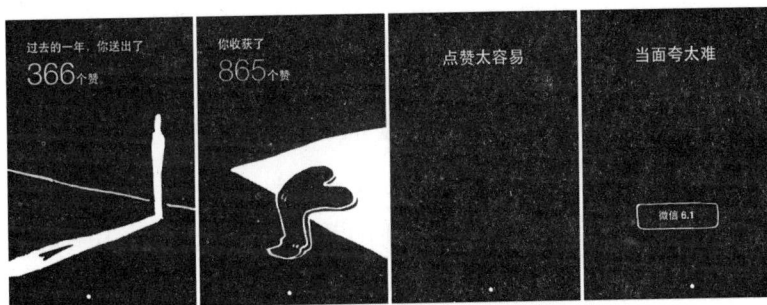

点过的赞,得到的赞,只是这样一个简单的统计,却让人玩得不亦乐乎。究其缘由,仍是虚荣作祟。谁都想知道,自己送出了多少赞,得到了多少赞,以评价自己在"社交圈"的地位和成就。

虚荣并非贬义,每个人都有小小的虚荣心,即使只是在社交网络上分享自己喜欢的一篇文章、一段视频,背后的动机也与虚荣有关:你会成为一个传播的中心,而你的朋友们会看到这一点,对你形成良好的社交评价。

【案例】

拯救没落老店：
来点"自黑"精神

如果说前面这些海报都是诚意满满，实实在在，感动人心的风格，用诚意和顾客交流，那么接下来的这些海报则有着满满的"自黑精神"，这些店家更愿意用这种自黑的"诚意"打动客人。

这位鱼店老板，完全是用整个身心"自黑"：

文案：

鱼种：西尾三彦（老板）

钓场：文の里商店街鱼心

体长：170公分

重量：66公斤

钓者：西尾荣

平成 25 年 8 月 20 日

店主が
イチバン、
大物や。

魚ひとすじ 50年。 魚心

文案：老板是本店最大尾的"鱼"。50 年老鱼铺，鱼心。

既然叫"文の里商店街"，怎么能没有书店呢？这家久保书店的
"黑色幽默"玩得更有文艺范儿：

立ち読み
ほんまはあかんねんけど
まあでも、ええで〜。

でも、少しは空気読んでや。

久保書店
Www.U14B.Net

文案：其实只看不买是不行的……哎，还是算了。但是，还是要有点眼色啊。

文案：好书不是搜索得来的，而是不期而遇。这话很酷吧？

短短几句话，将书店的气质和书店老板的性格塑造得很鲜明。

无论是哪张海报，都会让人生出想要去这家店一探究竟的欲望，难怪海报一出炉，立刻吸引了成倍的客源。

有人说，这些拯救没落老店的海报之所以做得这么出色，原因在于——没有甲方。虽然这只是一个玩笑，但作为一场没有报酬、也没有限制的创意大赛，去除了商业和工作义务等因素，恰恰让人看到了诚意在广告创意中呈现出来的能量。